プロローグ

あらゆる矛盾は、一度極限まで行く。

（ジョージ・ソロス）

あなたの預金が、あのリーマン・ショックと同じ仕組みの中に⁉

元号が平成から令和に変わった直後の、ゴールデンウィーク明けの早朝のことである。ある国会議員から私のもとに突然、電話がかかってきた。

以前からその人物とはよく情報交換をしていたが、その時の声の調子は今までにないものだった――「日本の金融システムは、大分まずいことになっていますよ。すぐに危機的状況になるかはわかりませんが、少なくとも都銀のみずほと三菱には注意しておいた方が良いでしょう。国会議員の間でも今、色々な噂が飛び交っています。私も念のため、預金の一部を下ろしておこうと考えています。浅井さん、何か知っていることがあったら教えていただけませんか」。

そして、つい最近、ある信じがたい人物が驚くべきことを言いはじめたのだ。

その人物とは世界の金融の総元締め・国際決済銀行（ＢＩＳ）の元チーフ・エ

コノミストのウィリアム・ホワイト氏だ。かつて二〇〇八年のリーマン・ショックを事前に当てていたことでその筋の人々の間ではまさに神様と言ってよい存在だ。その彼が〝次の巨大金融危機〟の到来を予言しはじめたのだ。
しかも、その内容がすさまじい。「世界中に巨大な債務不履行の波が押し寄せるだろう。現在の状況はリーマン直前の二〇〇七年より深刻である。世界の金融システムが大変不安定な状況となっており、世界は〝大量破産〟に直面することだろう‼」世界の金融とマネーの動向を一番知っている男の発言だけに、無視するわけにはいかない。

二〇一九年五月末、私は都内某所である重要人物と極秘に会談を行なっていた。彼の名をミスターXとしよう。X氏は、あのバブル崩壊のキッカケとなった九〇年二月の株大暴落の仕組みを作った人物である。当時、私が超大スクープとして『月刊文藝春秋』(一九九〇年八月号)に掲載した「兜町の大敗北笑ったのは誰か」に出てくる米系証券ソロモン・ブラザーズの中枢にいて、為替、債券、株の三つ巴の暴落の仕掛けを作ったまさにその人である。

金融のウラまですべて知り尽くしたX氏は私が「もうすぐリーマンの再来があるかもしれませんよ」と話すと、しばらく考えてから次のような恐るべき内容をしゃべりはじめた。

「一般の人は、当時も今もまったく気づいていませんが、実はあのリーマンの時に信じられないことが起ころうとしていたのです。つまり、世界中のすべての金融機関と企業が潰れそうになったのです。なぜか⁉　金融システム全体が恐怖で凍りついて、インターバンク市場に誰もドルを出さなくなり、コール市場が飛びかけたからです。トヨタですら危なかった。ドルがないと、貿易も為替もできないからです。では、何が世界を救ったのか。それこそ、『スワップ・アグリーメント』です。それによってFRBが世界中の中央銀行に無制限にドルを提供するよと言ったために世界が落ち着いたのです。当時のFRB議長バーナンキは大したものです。しかし、スワップ・アグリーメントの重要性をわかっている人が今、FRBにはいません。当時、日韓の間にもあったスワップ・アグリーメントも今はありません。何かあったら韓国そのものが飛びます。今度またリーマンと同じようなことがあったら、世界は大変なことになるでしょうね。なぜなら、リーマンの時にあったセーフティ・ネットが今はないのです。なにしろ、トランプは『アメリカ第一主義』で自国だけ良ければ良いので、FRBが他の中央銀行に信用供与しない（イザという時ドルを出さない）でしょう。そういう意味で、世界は危機的です。究極のサバイバル方法については次回、お話ししましょう」――私はこの話を聞いて凍りついた。リーマンと同じような金融危機がくれば、世界は破滅の淵まで追いやられることだろう。

ここで、あなたに重大な警告をしておく。銀行（ここで言う銀行には都銀、地銀、信組信金だけでなくゆうちょ銀行や農林中金も含む）には、実は現金はほとんどないのだ。実際のところ、普段銀行がすぐに払い戻しができる現金というのは、あなたが預けた（つまり、全預金者が銀行に預金した）総額の一〜二%くらいしかない。これは、本当の話だ。

ウソだ⁉　とあなたは絶句したかもしれないが、よく考えてみれば当たり前のことで、たとえば大都市の大通りの角の立派なビルの一、二階にきれいな支店と看板を出す「みずほ銀行」なども、もしその預かったお金を全額そのまま持っていたら、あの立派な本支店もＡＴＭも、そしてたくさんいる行員の高い給与もまったく維持できない。だから、預金として預かったお金の大部分を投資するか融資しているのだ。したがって、あなたが預けた命の次に大切な資金の大部分は、すぐには戻ってこない別のモノに変わってしまっているのだ。

というわけで、何事もない平時であれば、銀行自体も私たちの大切な預貯金そのものも安全で何の問題もない。しかし、いったん恐慌などの有事（たとえば二〇〇八年のリーマン・ショックのようなこと）が発生すると、たちまち様相が一変する。

元々全預かり資産のうち、ほんのわずかしか余剰資金を持っていない銀行は、普段は銀行間の「コール市場」という短期のお金の貸し借りの場（いわば銀行にとっての命綱）に頼って資金繰りをつけているが、リーマンのような有事がやってくると皆恐怖で震え上がってしまって、そのコール市場に誰もお金を出さなくなる。そうなると、一瞬で金融システム全体が崩壊してしまう。しかもその頃になると、リスクを敏感に嗅ぎ取った預金者が「オレの金をすぐに出せ!!」と窓口に押しかけてくるわけで、いよいよ銀行は死の瀬戸際に立たされることとなる。

昔から「信用システム」とはよく言ったもので、人々が信用しているから成り立っているシステムであり、いったん銀行そのものの信用が失われれば一瞬で崩壊するというきわどい代物なのだ。まさに八〇年前のアメリカで起きた全銀行閉鎖もそうであり、リーマンの時に全世界の金融システムが崩壊寸前まで行ったのも、銀行が持つ宿命とも言えるものがその根底にあるからなのである。

さて、そこで話題は直近の銀行の状況へと飛ぶ。

実は今、専門家の間で邦銀が抱え込んでしまったとんでもないリスクが噂されているのだ。しかも、それはあのリーマン・ショックの引き金となった「CDO」と生き写しというからわが耳を疑う。

あの「リーマン・ショック」という前代未聞の金融事件が起きた原因というのは、言ってみれば次のようなものだ。アメリカの不動産バブルにうまく便乗してひと儲けを企んだ欧米の金融機関が、非常に巧妙な手口を思いついた。サブプライムローンという低所得者向けのリスクの高い（何かあればすぐ返済が滞る可能性のある）代物を他のリスクの低い（安全性の高い）債権と混ぜて、その全体の商品自体を格付けの高いトリプルＡ（ＡＡＡ）などという体裁にして他の金融機関に売りつけたのだ。不動産自体が値上がりしている時は何の問題もないが、もし大きく下がりはじめたらこの〝毒入りまんじゅう〟は大爆発して連鎖的に世界中の金融機関をなぎ倒すこととなるし、実際そうなった。

これと同じようなことが現在、邦銀を大きく巻き込んで進行中なのだ。

今回の主役は「ＣＬＯ」なるものだが、ではこの聞きなれないＣＬＯとは何か。ローン担保証券の一種で、リスクの高い（何かあれば返済の可能性の低い）ローン債権をかき集めてそれを裏付けとしていくつかの安全性のランク（格付け）の債券に仕立てた金融派生商品だ。説明自体は難しいが、要はあのリーマンの時は不動産ローンだったものが、今回は企業向け融資（ローン）に取って変わっただけの話だ。しかもこのＣＬＯには、有事の際に返済が怪しい低格付けの企業向けローンがかなり混じっているのだ。リーマンの時と同様、このＣＬＯが今回の危機の引き金となる可能性が高い。

そして、そのＣＬＯの一番のお得意様が日本の銀行、邦銀なのだ。そのリスクを顧みず、邦銀はＣＬＯを買い漁っている。しかも、その元手はもちろんあなたの預貯金だ。というのも、国内では有望な投資先がないため、焦ってＣＬＯに飛びつかざるを得なかったというわけだ。日本国債の利回りがゼロに近いのに対し、トリプルＡランクのＣＬＯの年間平均利益率は二・七％とかなり高い。そこに邦銀は目がくらんだ、と言ってよい。

禁断の果実をかじってしまったわけだが、日本勢の爆買いの結果、二〇一八年のＣＬＯ市場は過去最大の発行額を記録した。中でも、農林中金ののめり込みようは異常である。一行だけで六二〇億ドル（約六兆八五〇〇億円）のＣＬＯを保有している。なんとこれは、ＣＬＯ市場の一〇％にもおよぶ量である。

CLOは時限爆弾か、毒まんじゅうか

さらに、三菱ＵＦＪ銀行とゆうちょ銀行も保有額が突出している。

これを見て慌てたのが、金融庁だ。リスクの臭いを敏感に嗅ぎ取った金融庁は、一斉調査を行なった。というのも、リーマン・ショックの時にはトリプルＡランクも毀損しているため、今回も同じことが起これば邦銀は大損を被り、大混乱に陥る可能性さえあるのだ。

何しろ、邦銀が投資しているＣＬＯの裏付けとなっているレバレッジド・ローン（信用力の低い企業向け融資）の貸付先は、ほぼダブルＢ以下の格付けの欧米企業で占められている。つまり、ゾンビ企業（本来すでに倒産しているべき企業）への融資をもとにした証券が、巧妙に高格付け（トリプルＡなど）と称して売られており、邦銀はその格付けを頼りにして爆買いしているのだ。

というわけで、あなたの預貯金は今や極めて危険なところへ投資され、将来的に大きな金融危機の可能性を秘めてマグマがどんどんたまっている状況と言ってよい。

危うし、邦銀。危うし、預貯金。あなたの大切な資産は本当に大丈夫か⁉

本書では、皆様の大切な預貯金を守るための秘策についても後半で詳しく解説している。それをもとに、ぜひ皆様の老後資金を守り抜いて欲しい。

二〇一九年五月吉日

浅井　隆

目次

第二章　地銀はもっと危ない!!

第五章　リーマン・ショックとは何だったのか？

第六章　サバイバルの極意
――あなたの大切な預貯金をなくさないために

エピローグ

※注　本書では為替は一ドル＝一一〇円で計算しました。

第一章　邦銀が爆買いするＣＬＯ（ローン担保証券）

——その構図は先のリーマンと同じ!?

世間において常識とみなされていることに対して、
疑問を呈する勇気を忘れてはならない。
健全な猜疑心こそ、物事の裏に潜む本質を見極める近道である。

（ロバート・ルービン：米元財務長官）

国内金融機関の国際与信残高は「四兆二二一三億ドル」

「仮に損失が発生すれば、ＪＡバンク等や農村地域に甚大な影響を与える恐れがあると認識している」――二〇一九年四月一八日、農林水産大臣を務める吉川貴盛氏は、国会（農林水産委員会）で衝撃的な答弁をした。この答弁は、農林中央金庫がローン担保証券（ＣＬＯ）への投資を近年になって急拡大していることに関連している。ほとんどの人は知らないだろうが、農林中金をはじめとした日本の金融機関は、「ＣＬＯ」という何だか得体の知れない金融商品に投資している。それも、莫大な額が投じられているのだ。

農林中金の開示資料によると、二〇一八年末時点で農林中金の保有残高は六兆八二一九億円。正確を期すと、これはＣＬＯを含めた債務担保証券（ＣＤＯ）の保有残高である。二〇一八年三月末時点の保有残高は三兆八一三四億円だったので、わずか九ヵ月で二倍近くまでに増えた。

また、英ロイターの聞き取り調査によると、農林中金の他にも、ゆうちょ銀行が一兆円、三菱ＵＦＪが（傘下の三菱ＵＦＪ銀行と三菱ＵＦＪ信託銀行の合算で）二兆五〇〇〇億円、三井住友銀行が七七〇億円、三井住友信託銀行が三〇四八億円、みずほ銀行が五五〇〇億円、新生銀行が数百億円、ＣＬＯを保有していると回答している。ちなみに、りそなホールディングスとあおぞら銀行は「保有していない」と回答した。金融機関によって保有額にバラつきはあるものの、邦銀によるＣＬＯ投資は一種のブームと化している。

では、この「ＣＬＯ」とは一体どんな金融商品なのか？

ＣＬＯを理解する前に、まずは邦銀が置かれている近年の状況を簡単におさらいしておきたい。昨今のメガバンクにおける窮状は、各メディアがすでに報じているのでご存じの方も多いだろう。日本では、すでに民間からお金を集めて成長産業に貸出すといった従来の銀行モデルが成り立たなくなっている。銀行から資金を調達して設備投資などに回す企業も減ってきているため、金融機関はなかなか融資先を見つけられず、見つけても長引く低金利のせいで大した利ザヤが取れない。そこで余った資金を日本国債などで運用してきたのだが、日本銀行が最強の買い手として登場したため、国債での運用も難しくなった。

そもそも日本は、他国と比べてオーバー・バンキング（金融機関の供給過剰）状態だと言われている。人口が減少し、キャッシュレスや自動化が進む世の中にあっては、銀行の供給過剰感はますます深まって行くはずだ。大量の支店や人員を構える高コスト体質の銀行は明らかに時代に合わなくなりつつあり、ここにきて店舗閉鎖や人員整理を実施する金融機関が相次いでいる。

これらと同時に、金融機関は収益の源泉を〝国外〟に求めるようになった。それは数字にも表れている。ＢＩＳ（国際決済銀行）が公表している国際与信統計によると、二〇一八年年末時点の邦銀の国際与信残高（最終リスクベース）は四兆一二一三億ドル（一ドル＝一一〇円換算で四五三兆円にもなる）。日本のＧＤＰ（国内総生産）は四兆九七一九億ドルなので、ＧＤＰの約八割に相当する莫大な額を海外へ貸付けているというわけだ。意外に思うかもしれないが、国別で見て邦銀の対外与信がもっとも多い。

ほとんどの人は、邦銀がそこまで海外に貸付けていたという認識がなかったはずだ。無理もない。邦銀が海外進出を本格化させたのはリーマン・ショック以降で、対外与信残高が急増したのはこの一〇年のことなのだ。

国際与信統計の変遷を見ると、かつては国境を越えた融資を担っていたのはもっぱら欧米の銀行であったが、昨今は邦銀の存在感が劇的に増している。先のリーマン・ショックで痛い目に遭った欧米の銀行が対外与信を抑制していることとは対照的に、邦銀の対外与信残高は二〇一〇年からほぼ倍増した。

前述したように、日本の銀行業はそのビジネスモデルが通用しなくなって久しい。長引く低金利にも関わらず企業の資金需要（金融機関から資金を調達して設備や人材に投資しようという意欲）が低下していることは日本に限ったトレンドではないが、日本は他国と比べても低金利が長期化している点や人口動態といった点で、銀行に吹く逆風は他国のそれと比べても激しいとされる。

ＩＭＦ（国際通貨基金）は二〇一七年一〇月一一日に発表した国際金融安定性報告書の中で、世界の主要銀行のうち九行を「今後数年で十分な利益を確保

各国銀行の国際与信総額

(単位：兆ドル)

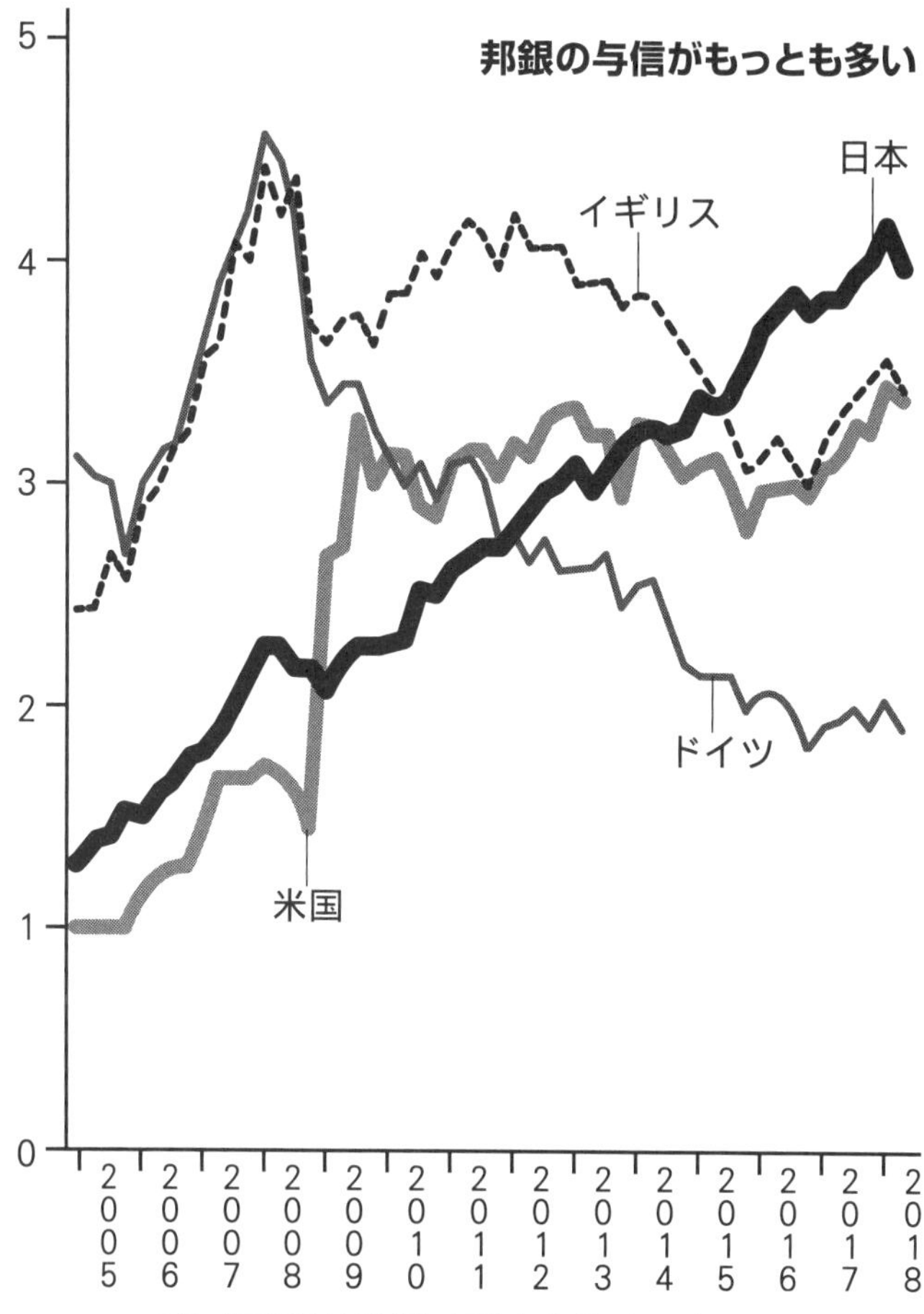

BIS（国際決済銀行）国際与信統計のデータを基に作成

しづらくなる」とＩＭＦとして珍しく名指しで指摘したのだが、日本の金融機関については「低金利環境で高い利益を実現するのが特に難しい」と特筆した。ちなみに、その九行とは二九ページの図の通りである。

あまり明るいとは言えない将来性に嫌気されたのか、就職企業人気ランキングではメガバンク三行がいずれも順位を大きく下げている。人材情報サービス大手の「学情」が九四八二人の大学生から回答を得たランキング（二〇二〇年版）では、銀行業界のトップは三菱ＵＦＪの四七位（前年は四一位。以下同）、ゆうちょ銀行が六〇位（三七位）、みずほ銀行フィナンシャル・グループが七二位（四五位）、三井住友銀行が八七位（六七位）と、軒並み順位を下げた。銀行への就職こそが人生の花形だという時代は、急速に遠のきつつある。

もちろん、いくら逆風が吹こうとも銀行も民間企業である以上は収益を上げなくてはならない。逆説的だが、だからこそ邦銀の対外与信残高は四兆一二一三億ドルまで積みあがったのだ。これは、国内がダメなら海外だという単純な発想に基づいていると思われる。というより、従来型の商業銀行としてのモデ

IMFが指摘「今後数年で十分な利益を確保しづらくなる」世界の主要銀行

ドイツ銀行（ドイツ）

シティ・グループ（アメリカ）

バークレイズ（イギリス）

スタンダード・チャータード（イギリス）

ソシエテ・ジェネラル（フランス）

ウニクレディト・グループ（イタリア）

要注目

- 三井住友フィナンシャル・グループ（日本）
- みずほフィナンシャル・グループ（日本）
- 三菱UFJフィナンシャル・グループ（日本）

ルが崩壊しつつあるため、急速に投資銀行という業態へ鞍替えしているのだ。そして、投資先の大部分が国外というわけである。

二〇一八年一一月五日付日本経済新聞によると、メガバンクの業務粗利益の三～四割はすでに海外からのものだ。業界を問わず萎み行く内需に見切りを付けて海外展開を急ぐ企業は少なくなく、またそれ自体が問題のあることではないが、邦銀は日本の金融システムを司っているため、リスク性の資産への投資で仮に大きな損失を被ればシステムの動揺に直結する。

先のリーマン・ショックを思い返して欲しい。あれは、欧米を中心とした投資銀行が国内外を問わずリスク性の資産に投資した結果バブルが醸成され、それが破綻したために世界中で金融システムが動揺した。結論からすると、今回はその投資銀行の役を邦銀が担っている可能性がある。

リーマン・ショックの際、クレジット投資が大きな問題の一つとなった。このクレジット投資とは、信用リスク（資金の借り手の信用度が変化するリスク）を内包する商品を取引することで、具体的には貸出債権や社債、ＣＰ（コマーシャル・ペーパー）、様々な信用リスクを加工して証券の形で売買する証券化商品、信用リスクを原資産とする金融派生商品（クレジット・デリバティブ）などがある。昨今、邦銀による海外クレジット投資がかつてなく盛んだ。日銀の金融システムレポート（二〇一九年四月号）によると、二〇一八年末における国内金融機関（有効回答先）の海外クレジット投資残高は約〇・七兆ドル（約七七兆円）と過去最高を記録している。その一部分が本稿の主題であるＣＬＯで、日本経済新聞（二〇一九年三月一一日付）によると、国内金融機関の保有残高はおよそ一〇兆円。その他にも社債などに莫大な投資をしている模様だ。

国内金融機関は、ＣＬＯ保有の安全性をことさら強調している。「今回は違う」というわけだ。しかし私に言わせると、このＣＬＯは「現状こそリターンを稼げるが、仮に世界的なリセッション（景気後退）が起こると一転して莫大な損失を計上し得る商品」であり、現在のＣＬＯ市場の活況ぶりは先のサブプライム・バブルを彷彿とさせる。〝行きはよいよい帰りは怖い〟という状況を案ぜずにはいられない。

冒頭で述べたように、吉川農相がＣＬＯ投資で農林中金が損失を被れば系統の金融機関に甚大な影響を与える恐れがあると答弁したが、他の金融機関もＣＬＯに莫大な投資をしている。将来的な金融システムの動揺の可能性が、日々増大している。

ＣＬＯ（ローン担保証券）って何だ？

では、本題に移ろう。「ＣＬＯ」（ローン担保証券）とは何か、ということだ。ＣＬＯを知る上でもっとも大事なキーワードは、「証券化」である。これは、一九七七年に後にウォール街の帝王と呼ばれるようになったアメリカの投資銀行ソロモン・ブラザーズが生み出した技術で、ありとあらゆる資産や債権を、流動性の高い金融商品（証券化商品）として販売する仕組みだ。

それら証券化商品の総称を「ＡＢＳ」（資産担保証券）と呼び、そのＡＢＳには複数の種類がある。代表的なものでは不動産ローン債権を裏付けとした「Ｍ

ＢＳ」（住宅ローン担保証券）、社債（ボンド）や企業向け貸付債権（ローン）を裏付けとした「ＣＤＯ」（債務担保証券）などがある。そのＣＤＯのうちの社債でない方、つまり企業向けの貸付債権（ローン）を担保とした証券が、今回のテーマであるＣＬＯ（ローン担保証券）だ。ちなみに、社債を担保とした証券をＣＢＯと言う。

債権の証券化と聞くと難しく思われるかもしれないが、「ローンの借用書を自由売買する」くらいにイメージすればよい。ちなみに債権が証券化されると、その証券を購入した人に債権が焦げ付くリスクの一部が転嫁される。この図式が大問題を起こしたのが、先のリーマン・ショックだ。このことは後の章でより詳しく触れたい。このＣＬＯへの投資が、国内金融機関の間でブームとなっている。その理由は極めて単純なもので、「利回りが高い」というものだ。それに、格付け会社がトリプルＡというお墨付きを与えていることも関係している。

まずは利回りだが、邦銀がかつて積極的に投資してきた日本国債の利回りはほぼゼロである一方、シニア債（トリプルＡトランシェ）のＣＬＯの年間平均利益率（二〇一八年）は二・七％。為替ヘッジのコストを払うとリターンは一％程度になるが、機関投資家にとってこの低金利下での一％は極めて貴重だ。仮に一〇兆円で運用すれば、一年間で一〇〇〇億円を得られる。一つのＣＬＯという証券は、それぞれ格付けが異なる三つの安全性度（トランシェ）で区分されている。

ＣＬＯは複数の企業のローン債権が裏付けとなっているが、そのうち一部の企業のローン債権がデフォルト（債務不履行）を起こした場合、ＣＬＯの価値が毀損し投資家が損失を被るわけだが、この際に安全性度（トランシェ）が低い証券から価値が毀損する。それゆえ、トランシェが高い（リスクが低い）ほど利回りは低く設定されており、逆にトランシェが低い（リスクが高い）ほど利回りが高い。

一般的にＣＬＯのトランシェは三段階に区切られており、もっともリスクが低い層を「シニア」、次が「メザニン」、そしてもっともリスク高い層が「エクイティ」と呼ばれている。トランシェごとに格付けとリターンが異なり、一般

リーマン・ショック時のCDOは今日のCLOだ！

2008年
リーマン・ショック時
CDO
（低所得者向不動産ローン）

2019年～
今回
CLO
（欧米ゾンビ企業向ローン）

的にシニアはトリプルA～シングルAで利回りが二％前後、メザニンはトリプルB～シングルBで利回りは六％前後、そしてエクイティは格付けなしだがリスクが高いため利回りは一五％前後だ。

一つの資産（CLO）全体にそれぞれのトランシェが占める割合は、シニアが八〇％、メザニンが一五％、エクイティが五％となっている。このうち、日本の金融機関が保有しているのはすべてシニア債（トリプルA）のCLOだ。トリプルAというのは基本的に毀損することが想定されていないため、それゆえ国内金融機関は保有するCLOの価値が毀損する可能性は低いと見積もっている。リスクは極めて限定的だというわけだ。

確かに、エクイティや低格付け部分がクッションになったことで先のリーマン・ショックの際もダブルAやトリプルAのCLOはデフォルトしていない。しかし、デフォルトこそ免れたものの、毀損は経験している。よりリスクの高いトランシェは全損し、当時のアメリカで第四位の投資銀行であったリーマン・ブラザーズが破綻した。その当時は、「金融工学はすべてのリスクをヘッジ

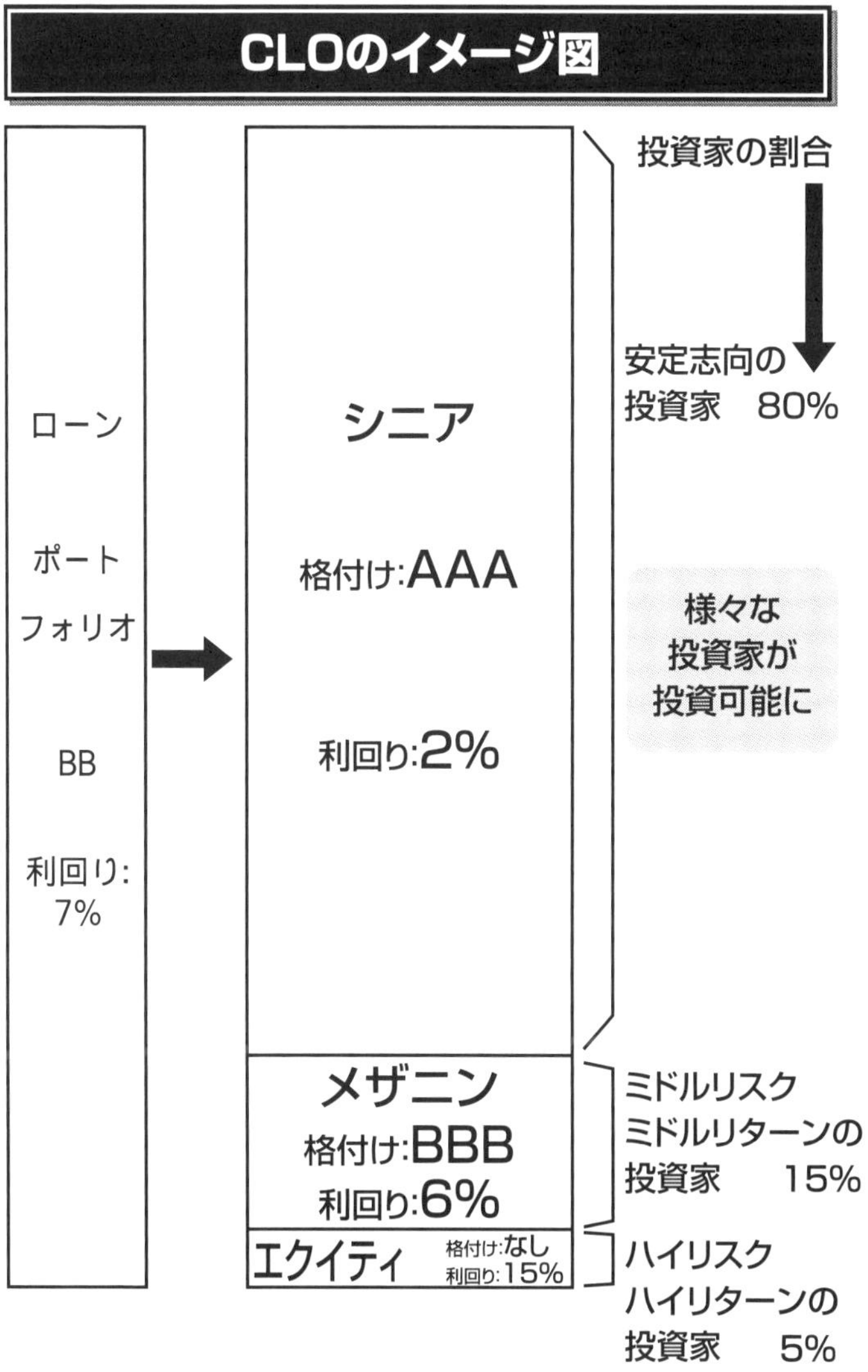
CLOのイメージ図
ローン
ポート
フォリオ
BB
利回り:
7%
シニア
格付け:AAA
利回り:2%
メザニン
格付け:BBB
利回り:6%
エクイティ
格付け:なし
利回り:15%
投資家の割合
安定志向の
投資家　80%
様々な
投資家が
投資可能に
ミドルリスク
ミドルリターンの
投資家　15%
ハイリスク
ハイリターンの
投資家　5%

する」（証券化商品のシニア部分は高格付けのため毀損はしない）と謳われていたため、シニア債までもが毀損したことに多くの投資家が動揺したのである。結局のところ、完全に無リスクという資産はないのだ。

それでも、「今回は違う」という向きはある。マニュライフ・アセット・マネジメントの八十歩憲作ディレクターは、「住宅ローンを束ねた証券化商品ではリスクが住宅市場に集中していたのに比べ、ＣＬＯは業種の分散が効いている」（日本経済新聞二〇一九年三月一一日付）と、かつてのＭＢＳ（住宅ローン担保証券）の違いを指摘した。要は、先の危機では（証券化商品を通じた間接的な）融資先がサブプライム（低所得）層の個人に偏っていたため、一斉に焦げ付いて危機が伝播したが、今回は融資先があらゆる業種の企業に分散されていることから一斉に焦げ付くリスクは低いと言いたいのだろう。

しかし、先のＭＢＳと昨今のＣＬＯの融資先には重大な共通点が見出せる。それは、どちらも投資不適格（ジャンク）ということだ。実際、ＣＬＯの裏付けとなっているレバレッジド・ローン市場で資金を調達している企業のほとんどがダブルB以下（投資不適格）で占められている。

リーマン・ショックは、「家計セクター」の過剰債務が危機の発火点となったが、次なる危機では「企業セクター」の過剰債務が震源地となる可能性が高い。

事実、欧米では信用力の低い企業の債務が増えている。そんな彼らにCLOを通じて積極的に融資しているのが、日本の金融機関というわけだ。

レバレッジド・ローンの貸付先は、ジャンク（投資不適格）一〇〇％

「債務懸念は国・地域ごとに異なるが、最近特に注目を集めているのが米国のレバレッジド・ローン市場だ。イエレン前FRB議長も注視している」（米ブルームバーグ二〇一九年四月三日付）。中国と香港の企業セクター、オセアニア圏（オーストラリアとニュージーランド）とカナダ、韓国の家計セクター、そしてイタリアや日本の公的セクターなど債務に関する懸念は世界中で散見される。このどれもが注視が必要なレベルだが、米ブルームバーグが指摘したように直近でもっとも注目度が高いのは、アメリカの「レバレッジド・ローン」市場だ。

レバレッジド・ローンとは、信用力の低い企業向け融資のことでローン残高は二〇〇八年の六〇〇〇億ドルから二〇一八年末には一兆二〇〇〇億ドルと二倍に膨らんでいる。特にここ数年で急拡大した。レバレッジド・ローンの特徴は格付けが低く、すでに多額の債務を抱える企業でも借り入れできるという点にある。ハイイールド債（ジャンク債）を起債できない低格付けの企業でも借入先が見つけられるがゆえに、市場が急拡大した。

そしてCLOの裏付け資産のほとんどが、このレバレッジド・ローンである。二〇一八年には、新規のレバレッジド・ローンの六〇％超がCLOに組み込まれた。これはすなわち、CLOを買うことは極めて危なっかしい企業へ融資していることと同義となる。前述したように、レバレッジド・ローン市場における貸付先はほとんどがダブルB以下の企業だ。しかも近年では、より格付けの低い企業への融資が増えてきているという。

二〇一九年二月二七日付米ウォールストリート・ジャーナルは、CLOの平均リスクが上がっていると指摘。その理由はCLOへの人気が高まっているためで、「CLOが投資家に元本を返済すると共にリターンを生むには、融資を大量に保有して一定額を稼ぐ必要がある」（同前）とし、「融資の利回りが圧迫されるなか、投資家に支払う資金を確保するため、CLOのマネージャーらはよりリスクの高い融資の購入に追い込まれた。これが格付けの低い融資の需要を押し上げてきた。バークレイズによると、米国では『B』ないし『Bマイナス』の融資の割合が二〇一一年の二〇％未満から四〇％近くまで拡大している。フィッチ・レーティングスによれば、CLOの保有資産は『B』近辺に集中しており、『CCC』の融資も以前より増えている」（同前）。

CLOの融資先の格付けを、より詳細に見てみたい。フィッチ・レーティングスによると、CLOに組み込まれている融資の格付け別の割合は四三ページの図の通り。一目瞭然だが、かなりハイリスクな企業への融資がほとんどだ。というより投資適格級（トリプルB以上の格付け）の企業が、ほぼない。こうした企業が次にリセッション（景気後退）が到来した際に債務を返済し続けられるか、はなはだ疑問だ。

レバレッジド・ローンには、別のリスクも指摘されている。元日銀審議委員で現在は野村総研の主席研究員を務める木内登英氏は、同総研のコラム（二〇一九年二月一三日付）で次のように詳しく説明している。

レバレッジドローンに関するリスクで、近年、特に注目を集めているのが、融資の契約を行う際に盛り込む特約事項である「コベナンツ」が、確実に緩められてきていることだ。コベナンツとは、たとえば、借入を希望する企業が、一定の財務比率等について金融機関にその遵守を約束し（財務維持コベナンツ）、仮に、企業がその約束に違反した場合は融資を回収するといったものだ。企業の財務環境が一定程度悪化すれば、企業が破綻する前に融資が回収できるため、金融機関は貸倒れのリスクを大きく削減できる。またＣＬＯの投資家も投資リスクを減らすことができる。

CLOに組み込まれている融資先の格付け別割合

（単位：%）

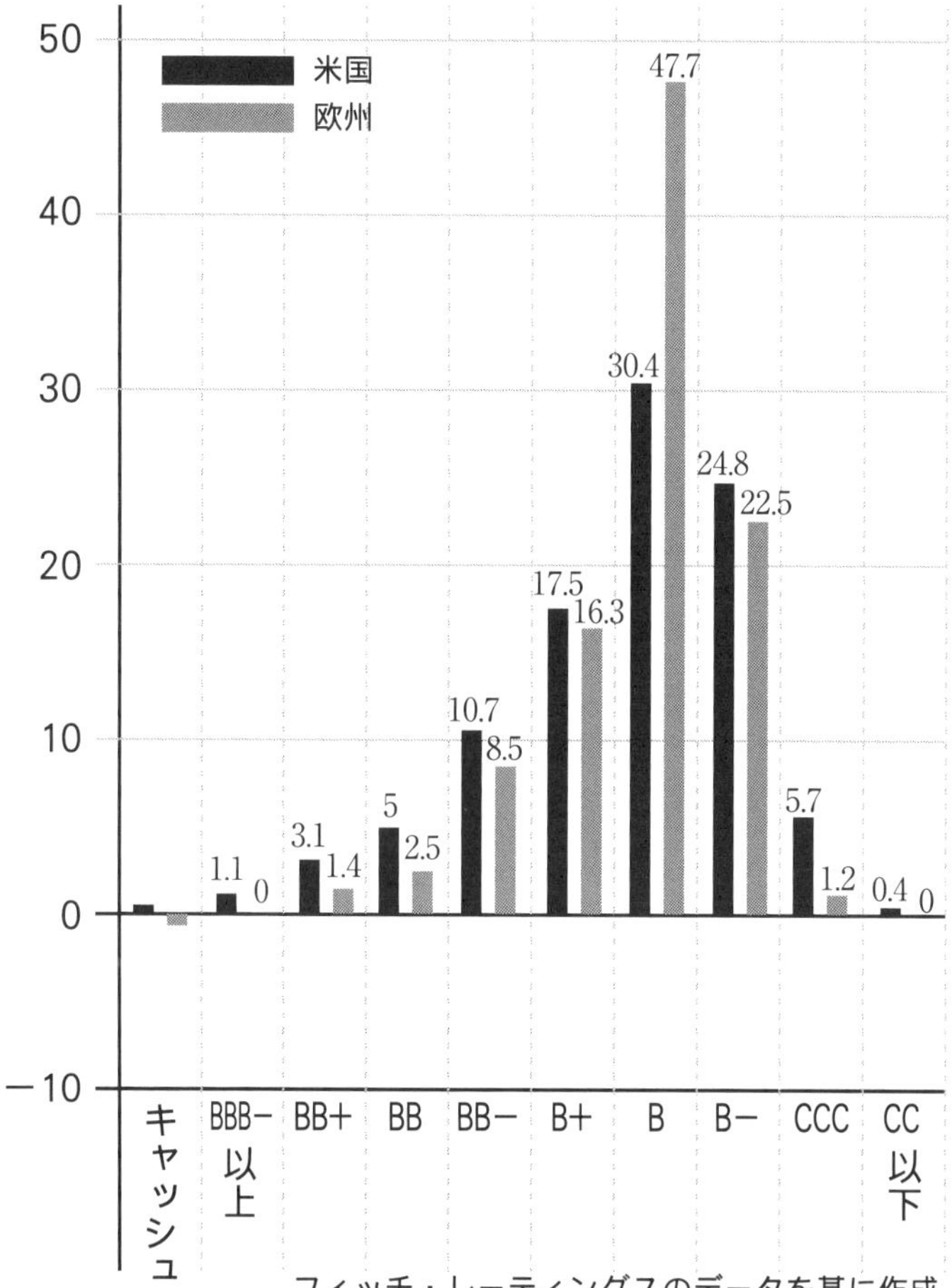

フィッチ・レーティングスのデータを基に作成

企業が破綻する前にこの条項が適用される仕組みは、金融機関や投資家がより大きなリスクに直面することを、事前に回避させるという点から、「炭鉱のカナリア」の一種とも言われる。

ところが、このコベナンツの要件がかなり緩められているのである。これを、コベナンツ・ライトともいい、その結果、金融機関や投資家がより大きなリスクをとるようになっている。今や、「炭鉱のカナリア」の機能が着実に損なわれているのである。

（野村総研コラム　二〇一九年二月一三日付）

国際金融協会によると、恐ろしいことに融資条件の緩いコベナンツ・ライトがレバレッジド・ローンに占める割合はアメリカで約五〇％、欧州で約六〇％となっている。先のサブプライム・バブル時にも、低所得層に対して強引な貸付けが行なわれた。その対象が個人から企業に移っただけで、当時と似たようなことが起こっていると私は考えている。

レバレッジドローンに占めるコベナンツ・ライトの比率

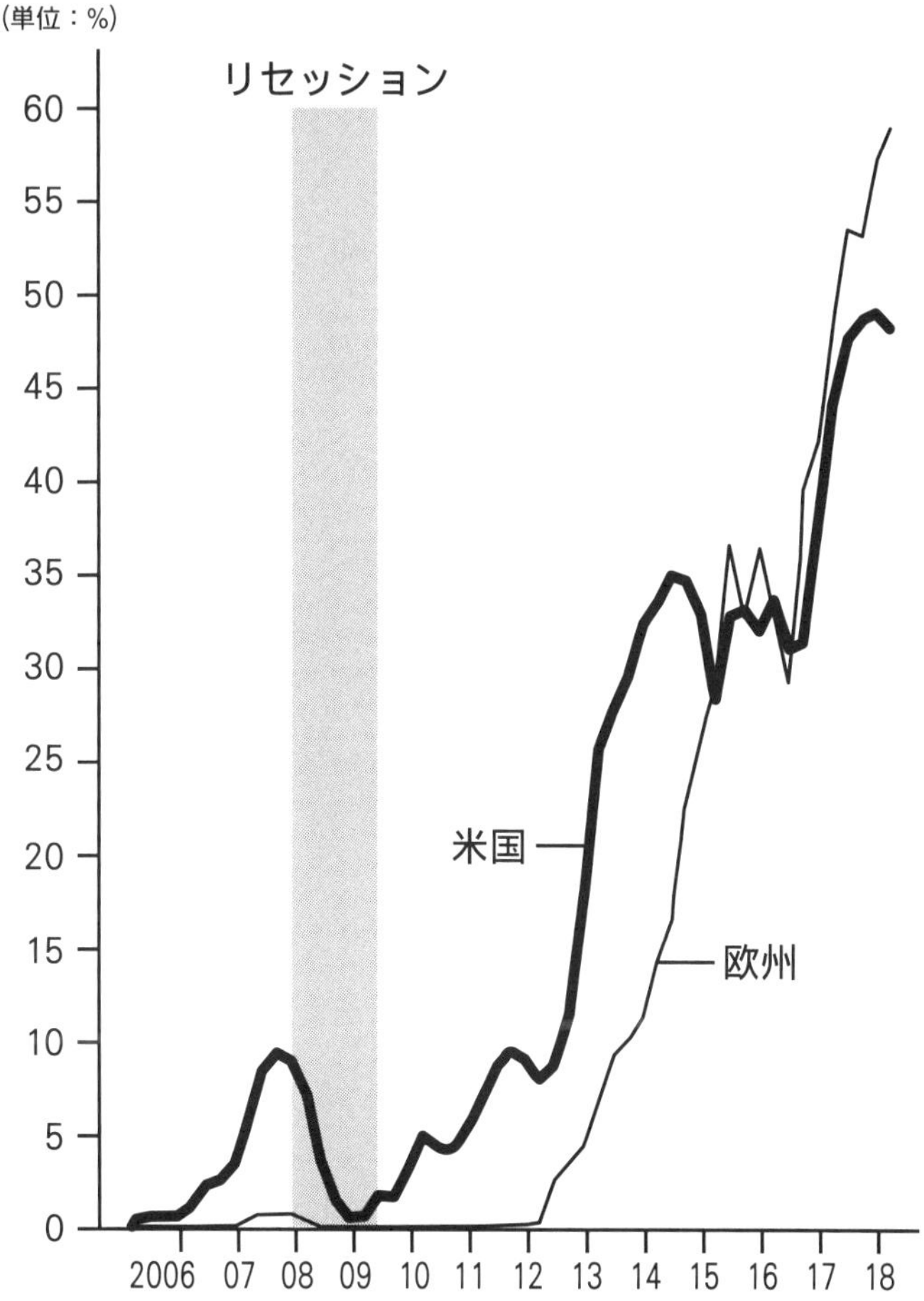

IIFのデータを基に作成

「大事なのは企業債務なんだよ、バカモノ」。

「大事なのは経済なんだよ、バカモノ」（It's the economy, stupid）——これは、一九九二年の米大統領選で再選を目指すジョージ・ブッシュ（父）大統領に挑戦したクリントン陣営が使ったフレーズだ。このフレーズがブームとなりクリントン陣営が勝利するわけだが、私はこのフレーズをもじって次のように言いたい——「大事なのは企業債務なんだよ、バカモノ」。

中国や香港の企業債務が金融危機を誘発するリスクも相当に高いが、欧米の企業債務にも注視が必要だ。欧米では企業債務の質が先の金融危機以前と比べても大幅に劣化しており、リセッション時に社債が暴落する可能性が指摘されている。BIS（国際決済銀行）によると、アメリカの企業債務の対GDP（国内総生産）比は二〇〇八年末に七二・五％でピークを打ち、その後はデレバレッジ（債務圧縮）に向かった。しかし二〇一一年から再び増加に転じ、二〇一七年末に七三・二％と再び過去最高を記録している。

対GDP比の債務残高は一〇年前とほとんど変わらないため、大して問題があるように見えないかもしれない。しかし、債務の〝質〟を精査すると重大な変化が生じていることがわかる。その変化とは、社債発行残高に占めるトリプルBの割合が劇的に増えたことだ。トリプルBは、あと一つ格下げされればジャンク（投資不適格）扱いとなる。二〇〇七年時点で米社債に占めるトリプルBの割合（金額ベース）は二六％だったが、二〇一八年には四〇％を超えた。質の悪い企業が、この一〇年の債務増加を牽引してきたことがうかがえる。

トリプルBの社債が増えることとの何が問題なのか。実は、大量の社債を保有する多くの機関投資家は「ジャンク債は保有できない」という制約を持っている。現状はまだよいが、次にリセッションが襲えばトリプルB社債への格下げ圧力が強まることはほぼ確実で、実際に格下げが相次げば投資家は投売りせざるを得ない。これは、借り手の企業からすると借り入れコストの急激な上昇を意味する。そしてアメリカだけでなく、欧州の社債市場も似たり寄ったりの状況だ。

ＢＩＳによると、欧米の投資信託ポートフォリオ全体に占めるＢＢＢクラスの債券の割合は二〇一八年に約四五％となり、二〇一〇年の二〇％から拡大している。またＩＭＦ（国際通貨基金）は直近の世界金融安定報告書（二〇一九年四月一〇日付）で、投資適格級の中でもっとも信用力の低いトリプルＢや、元本の償還や利払いが不確実なジャンク債を「債務返済が不能となるリスクが大きい低格付け社債」とし、それらの発行残高（推計値）がアメリカとユーロ圏で合計四兆ドル（約四四〇兆円）を突破したと警告した。こうした脆弱性のある社債の発行残高は、二〇〇八年時点から比べて四倍規模に膨らんだという。

そして、こう警鐘を鳴らした――「（米欧を含めた）金融システム上重要な国の約七割でリスクが高まっている」（時事通信二〇一九年四月一〇日付）。一部のファンド・マネージャーも警告している。米バロンズ誌（二〇一九年二月五日号）は「勝ち組ファンドが備える次の嵐」と題した特集において、主に株式で運用するアメリカのＦＰＡクレセント・ファンドのスティーブ・ローミック氏のインタビューを掲載した。ちなみに彼は、先の金融危機を事前に予見し、

格付別に見た米国企業の社債発行規模

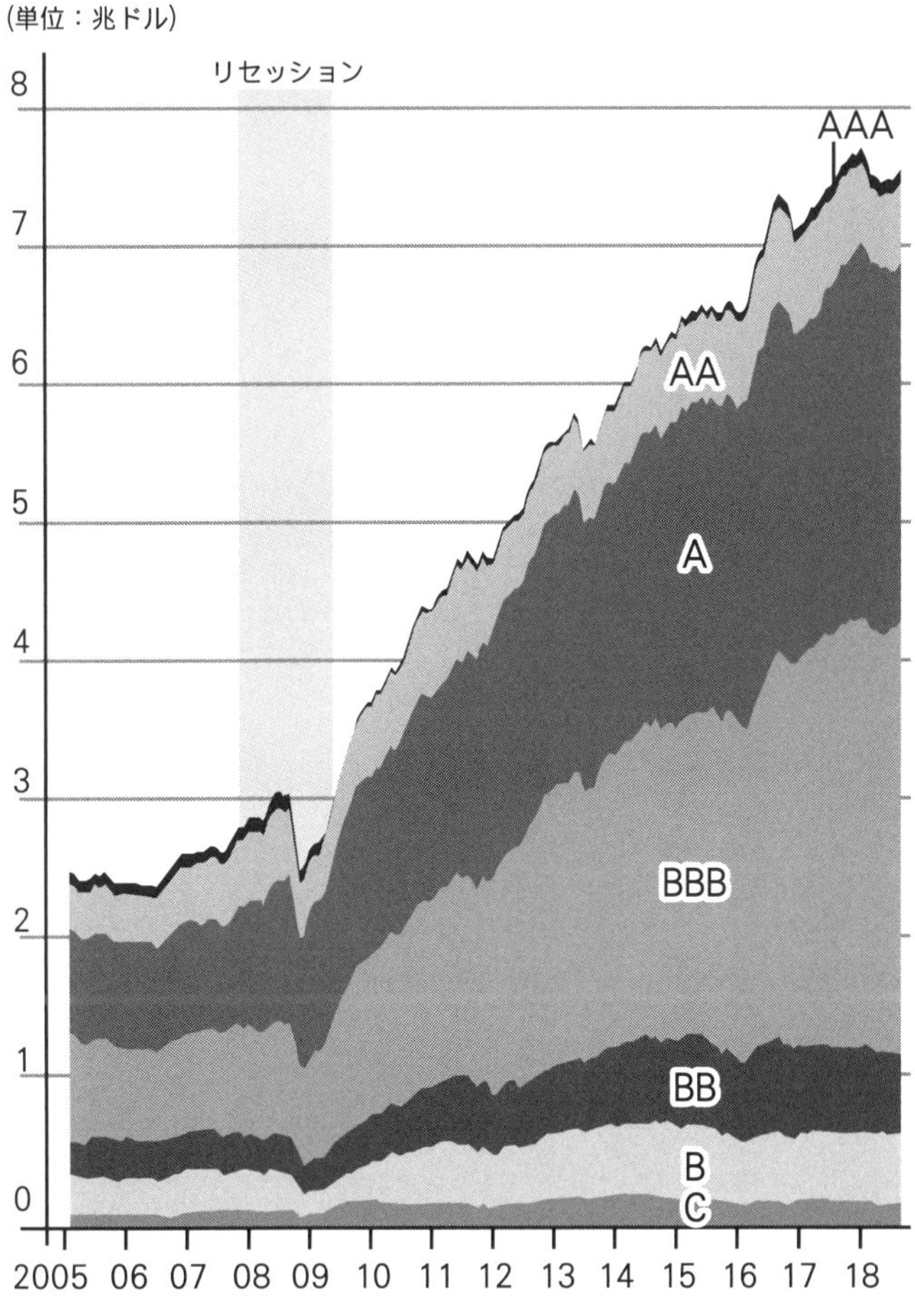

ウォール・ストリート・ジャーナルのデータを基に作成

クライアントへの書簡にそのことを記したことで知られる。

ローミック氏は、米バロンズ誌から「現在心配なことは?」と問われ、次のように返答している――「市場は過去に起きたことばかり考える。たとえば前の金融危機時は、消費者の負債過剰や金融機関の高過ぎるレバレッジが問題だった。しかし、現在は消費者も金融機関も当時よりも健全な状態だ。銀行の自己資本は十分で、資産の質も以前より良い。企業の資金借り入れ需要は社債市場を通じて満たされている。次の問題は社債市場と国債だ。世界中の国の債務は国内総生産(GDP)比で過去最高水準にまで高まっている。いつまでも債務を増やすわけにはいかない。ある時点で経済成長鈍化あるいは景気後退といった代償が伴い、国債にもっと高い利回りが要求されるようになる。金利上昇で企業の借り入れコストが上昇し、結果としてデフォルト(債務不履行)が想定される」(二〇一九年二月五日号)。

先に、国内金融機関の海外クレジット投資の残高は二〇一八年末時点で〇・七兆ドルと述べたが、日銀の金融システムレポートによると邦銀は、CLOだけでなく投機的格付けのハイイールド債にも積極的に投資している。次のリセッション時に邦銀が莫大な含み損を抱える懸念は、拭いきれない。

別の懸念もある。視点を変えると、邦銀の積極的な海外クレジット投資こそが欧米のゾンビ企業の資金繰りを支えている。すなわち、邦銀の熱が冷めればゾンビ企業はもはや延命を図れない。前出の米ウォールストリート・ジャーナルは、ＣＬＯ自体が毀損することとは別に、邦銀に依存している市場で資金が引揚げられた際のゾンビ企業への影響を危惧している——「一つの買い手集団に頼り過ぎることには常に危険が伴う。その集団が消えればビジネスは終わりだ」（米ウォールストリート・ジャーナル二〇一九年二月二七日付）とし、日本勢からの蛇口（間接的な融資）が閉ざされれば融資に依存している欧米企業のデフォルトが相次ぎかねないと警鐘を鳴らした。

ゾンビ企業は生産性の向上を阻害することから、一般的にはその存在が邪険に扱われている。ちなみにゾンビ企業とは、ＢＩＳ（国際決済銀行）によれば、ある基準に照らし合わせて利払い能力に疑念がある企業を指す。近年はこのゾンビ企業の増加が問題視されており、それは世界的に生産性が阻害される点だけでなく、次のリセッション時にゾンビ企業がバタバタ倒れることにも注意が向けられるようになった。
マネックス証券の執行役員チーフ・アナリストである大槻奈那氏は、このゾンビ企業の増加に深刻な懸念を表明している。

国際決済銀行（ＢＩＳ）の九月のリポート「The rise of zombie firms（増加するゾンビ企業）」によれば、データが入手可能な一四カ国の上場企業の一二％が、今やゾンビ企業となっている。ＢＩＳが定義するゾンビは、過去三年間、利払いが利益で賄えない状態に陥っている企業である。この低金利環境ですら負担に耐えられないようでは、金利の上昇時にはひとたまりもない。こうした破たん予備軍の比率は現在、過去三〇年余りで最悪である。もし上場企業の一二％が本当に倒産したらどうなるか。金融危機が起きた〇八年ごろに、ＢＩＳがゾンビと

認定した企業の比率は八％程度だった。一方、S&Pグローバル・レーティングによると、当時の社債デフォルト率は四・二四％だった。ゾンビ比率が一二％まで上昇している今、急速な景気後退に見舞われた場合、〇八年の悪夢を超えるショックが訪れる可能性も否定できない。

（英ロイター　二〇一八年一一月一九日付）

大槻氏は、ゾンビ企業の増加の原因はイージー・マネー（安易な資金調達）にあるとする。そして、その一翼を担っているのが日本勢というわけだ。

〝鶏が先か、卵が先か〟という議論になりかねないが、イージー・マネーを積極的に提供する日本の金融機関と欧米のゾンビ企業は、一蓮托生の関係にあると言ってよい。日本勢の投資熱が冷めても地獄、次のリセッションでゾンビが倒れても地獄、というわけだ。

将来的なリスクは積もりに積もっているように思えるが、この一蓮托生という関係は今しばらく続く公算が高い。それは、邦銀が抱える構造的な問題が解決されるには相当な時間が必要であり（そもそも解消されないかもしれない）、手っ取り早くリターンを稼げるＣＬＯやハイイールド債への投資熱が、早々に冷める気配はないだろうということだ。

冷めない邦銀の海外クレジット投資熱

ここまで、いかに日本の金融機関が国内で苦戦を強いられているか、そして収益の源泉を海外に求めているか、その結果としてハイリスクの金融商品に手を出しているか見てきた。さらには、投資先である欧米の企業債務の質がどれほど悪化しているかもご理解いただけただろう。

現在のＣＬＯを取り巻く状況が、リーマン・ショック時のＭＢＳ（住宅ローン担保証券）やＣＤＯ（債務担保証券）とは違うと言われても、どうも心許ない。長引く低金利を背景に、高利回りを提供してくれるという理由で証券化商品を使い極めて信用の低い対象に融資するという構図は、どうしてもサブプライム・バブルを彷彿とさせる。しかも、今回は前回と違って日本勢のプレゼンスが段違いに大きい。二〇一九年一月一五日付米ブルームバーグは以下のように説明する——（CLO市場での）「日本の金融機関の存在感は大きく、UBSグループは最上位のAAA格付けの米CLO市場に過去数年流入した資金の三分の一を日本の銀行が占めたと試算している」。

近年のCLOおよびレバレッジド・ローン市場の過熱ぶりに、多くの識者から警告が発せられた。二〇一八年一二月には、ジャネット・イエレン前FRB（米連邦準備制度理事会）議長が「景気が悪化すれば、レバレッジドローンの負債が原因で経営破綻する企業が相次ぐだろう。これにより景気が一段と悪化する」（野村総研コラム二〇一九年二月一三日付）と警鐘を鳴らし、米資産運用大手ピムコのCIO（最高投資責任者）であるダニエル・アイバスキン氏も「この分野には、景気が悪化すれば重要な問題に発展する要素がそろっている」（英フィナンシャル・タイムズ二〇一九年一月二一日付）と指摘する。

こうした指摘を受け、日本の金融庁は二〇一九年一月、三菱UFJフィナンシャル・グループ（MUFG）など大手七銀行に対し、CLO投資に関する一斉調査を実施した。この事実は金融庁の関係者が匿名を条件にリークしたもので、米ブルームバーグ（二〇一九年二月二八日付）が最初に報じている。

調査対象となったのはMUFG、三井住友フィナンシャル・グループ、みずほフィナンシャル・グループ、りそなホールディングス、三井住友トラスト・ホールディングス、農林中央金庫、ゆうちょ銀行の七行。その結果、三メガバンクに加え、機関投資家として金融機関との契約を多く抱える農林中金、ゆうちょ銀行で問題が発生した場合は「金融システム全体に幅広く波及する恐れがある」（米ブルームバーグ二〇一九年二月二八日付）との認識を示した。

そのため、金融庁は二〇一九年三月末にCLOなど証券化商品の保有にあたってのリスク評価を厳格化する規制を導入したのだが、前述したように日本の金融機関は構造的な運用難に直面しており、買い意欲は多少低下こそすれゼロになることはないだろう。というのも、他に代えがないからだ。SMBC日興証券の下里祐吉マーケット・アナリストは（邦銀が）「どんどんCLOのエクスポージャーを上げることはないにせよ、粛々と積み増す方向ではないか」（英ロイター二〇一九年四月八日付）と指摘する。

本章の冒頭で述べたように、日本の金融機関でもっとも多くCLOを保有しているのが農林中金だ。農林中金のCLOを含めた債務担保証券（CDO）の保有残高は、二〇一八年末時点で六兆八二一九億円。農林中金の買い意欲は二〇一九年に入っても衰えていないようで、米ブルームバーグ（二〇一九年三月二七日付）によると、農林中金は同年三月末までに欧州で新規に発行されたCLOの最上級トランシェ一五本のうち、一〇本で主要投資家となったようだ。

ところでこの農林中金は、過去に大きな失敗を経験している。農林中金は二〇〇〇年代にCDOなどに積極的に投資し、その結果二〇〇八年九月には一兆五〇〇〇億円という有価証券の含み損を抱えた。この当時、農林中金のCDS（クレジット・デフォルト・スワップの略で債権を対象とした保険契約を指す。保険料を支払うことにより、その債券の発行体がデフォルトした際に保険料の受け取り手からその債券の額面を受け取るという仕組みだ。あるいは、デフォルトに接近した際に価格の上がったＣＤＳの権利を他者に売ってリターンを得る）は急騰している。農林中金のほかにも、みずほフィナンシャル・グループが保有していたＣＤＯの毀損によって、二〇〇八年三月期の決算で約六四五〇億円のサブプライム住宅ローン関連の損失を計上した。

ただし、リーマン・ショックの際に目立った損失を出した日本勢はこの二行くらいのもので、そのため日本経済は株価こそ大暴落したものの金融システム自体の動揺は経験していない。しかし、今回はプレゼンスが格段に違う。

この先、ＣＬＯが一〇〇％の確率で毀損するとは断言できない。現状は、日本の金融機関に貴重なリターンを提供する手段であるのも事実である。しかし、私が思うにＣＬＯを巡る状況は先のサブプライム・バブルとあまりに酷似している。「トリプルＡだからＯＫ」というのも、大して説得力はない。

前出の木内登英氏（前日銀審議委員）も、「格付けの良いものを買っているから大丈夫、というのが当てはまらないのは、かつての債務担保証券（ＣＤＯ）と同じではないか」（米ブルームバーグ二〇一九年二月二七日付）と苦言を呈す。

日本国内の主要銀行格付け

銀行＼格付会社	S&P	Moody's	JCR	R&I
みずほ銀行	A	A1	AA	AA⁻
三菱UFJ銀行	A	A1	AA	AA⁻
三井住友銀行	A	A1	AA	AA⁻
りそな銀行	A	A2	AA⁻	A⁺
ゆうちょ銀行	A⁺	A1	—	—
農林中央金庫	A	A1	—	—

これは日本の金融システムに関わることなので、国民として大事には至ってほしくないと願っているが、やはり現状には心配が尽きない。

サブプライム・バブルの最盛期、ドイツ銀行のトレーダーであるグレッグ・リップマンは「（投資銀行の）連中はクズに投資している」と言い放ち、MBSやCDOを「トリプルAの皮を被った詐欺まがいの案件」だと吐き捨てたと言われている。そして、最終的にそれらを空売りして大成功を収めている。もしかすると、邦銀もクズな案件に莫大な投資をしているのではないか、そんな疑念が付きまとう。

先に金融庁が現状を調査した背景には、相当の危機感があったと思われる。悪い時には悪いことが重なるという。まさにリーマンの時がそうだった。事前に誰もあんなことが起きるとは想像もしていなかった。今回も似たようなことが起きるかもしれない。ただしリーマンと違う点は、今回は世界中の銀行の中で邦銀がもっともひどい目に遭うかもしれないということだ。その時、日本の金融システムに大激震が走ることだろう。あなたの預貯金は大丈夫だろうか。

要注意金融機関一覧

みずほ	日本最大の都銀だが、多くの問題を抱えている。（反社会的勢力への融資事件、ATMのシステム障害、7000億円近い特損）
三菱UFJ	CLO投資への異常なのめり込み。世界が不況に突入したらCLOは火を噴く!
ゆうちょ	保有する大量の日本国債のリスク。融資業務を行なっていないだけに金利が上昇すると大打撃。CLOも大量保有
農林中金	CLOが吹き飛んだら、JAは壊滅的打撃を受け、農村経済に深刻な影響。
地銀	危ないものが多すぎて、まさに現代の伏魔殿。86～87ページにあるBBB格付けの銀行は要注意。

流動性の危機に備えはあるか

「香港は現在、史上最大の時限爆弾の一つとなっている」――サブプライム・バブルの崩壊を予測したことで名を馳せた米ヘイマン・キャピタル・マネジメントのカイル・バスは、次なるターゲットを香港の銀行セクターに定めた。

バス氏は二〇一九年四月、投資家に宛てたレターで香港ドルに対する自身の賭けを記している。それは、香港ドルの米ドル・ペッグ（連動）制が破綻するというとんでもないシナリオに賭けるというアイデアだ。香港ドルは世界最長の通貨ペッグを採用しており、今までの三五年間一米ドル＝七・七〜七・九香港ドルという極めて狭い範囲で取引されている。それが崩壊に向かっているというのだから、穏やかではない。

事実、近年は香港ドルの下落に賭ける投機筋が増加している。香港金融管理局（ＨＫＭＡ）は二〇一八年三月に香港ドルがおよそ三三年ぶりの安値を付けたため、同年四月一二～一三日にかけて一三年ぶりの通貨防衛（米ドル売り／香港ドル買い）を実施。これが市場関係者に衝撃を与え、それ以来、香港ドルのペッグ崩壊が囁かれている。香港ドルは米ドルにペッグしているため、通貨の価値を安定に保つにはＦＲＢ（米連邦準備制度理事会）の金融政策に追随せざるを得ない。二〇一八年はアメリカが利上げモードに入ったため、香港の金利にも同じく上昇圧力がかかったのだが、香港は金融政策をアメリカに縛られる一方で実体経済の多くを中国本土に依存しているため政策金利に市中金利がなかなか追随せず、香港ドル売りの気分を醸成させた。ＨＫＭＡは、二〇一八年に入ってから外国為替市場において幾度となく香港ドル買いを余儀なくされており、それが結果的に外貨準備に相当するとされる銀行間の流動性を示すアグリゲートバランス（決済性預金残高）を低下させ、現状は二〇〇八年以来となる一〇〇〇億ドル以下にまで落ち込んでいる。

また、現在の香港では民間セクターの債務残高が積もり積もっているため、とても利上げを歓迎する状況ではない。国際決済銀行によると、二〇一八年九月末の企業（金融を除く）と家計セクターの債務残高（対ＧＤＰ比）は二九三・八％。内訳は、家計が七〇・九％で企業が二二二・九％となっている。日本のバブル崩壊時も企業セクターの債務残高が問題視されたが、ピーク時（一九九三年三月末）でも一四七・六％であった。香港のそれは格段に多い。

そして、その多くは不動産セクターだが、金利に上昇圧力がかかったため、二〇一八年にはＨＳＢＣを含む主要銀行が住宅ローンの金利を引き上げた。するとパンパンに膨れ上がった香港の住宅バブルに失速の兆しが現れた。ひいては資本流出の懸念まで台頭している。

アジア通貨危機の際、ＨＫＭＡは香港ドルのペッグ制を維持するために一晩で政策金利を二〇％まで引き上げ、それにより不動産価格が暴落している。

バス氏は投資家に宛てたレターで取引の詳細には触れていないが、トリプル安（債券安、株安、通貨安）に賭けている可能性が高い。実現すれば、二〇一五年の人民元ショックをはるかに凌ぐ衝撃が世界にもたらされるであろう。というより香港ドルの下落はすぐさま人民元にも波及し、中国政府は資本規制の導入を迫られるかもしれない。

極めてブラックスワン（誰も起きると予想していないが、実際に起きれば重大な結果をもたらす大事件）的なシナリオであるが、バス氏は「今行動を起こさなければならないと感じた」と米ウォールストリート・ジャーナル（二〇一九年四月二五日付）の電話インタビューに答えている。先のリーマン・ショックで実際に数千億円を稼いだ人間であり、彼の意見は軽視できない。

ところで、香港の失速と今回のテーマである邦銀の先行きに何か関係があるのだろうか。実は、直接的な関係はあまりない。ＢＩＳの国際与信統計によると、邦銀の地域別国際与信シェアに占める邦銀の香港向けの与信はほとんどなく、中国向けも少ない。メインの貸付先は、やはり欧米だ。しかし現代の危機は、いとも簡単に伝播することを忘れてはならない。

「金融機関の破綻などでショックが起きると、金融・資本市場では連鎖的な動きが起きやすい。リーマン・ブラザーズの破綻では大手金融機関の間でも、疑心暗鬼から個別の銀行や証券会社に新規に資金を融通しなくなったり、資金を回収したりした。深刻な流動性危機の連鎖である」（日本経済新聞二〇一八年一一月五日付）。ＪＰモルガンのクオンツ責任者であるマルコ・コラノビックは、二〇一八年九月に「金融危機から一〇年」と題したレポートを公表。二〇一九年後半からのリスク・シナリオとして「大流動性危機」を挙げた。その詳細はここでは触れないが、金融危機後に投資家が機械的に行動するようになっているため、ちょっとしたきっかけによって、売りが売りを呼ぶ展開になると予想している。恐ろしいことに同氏は、アメリカでは過去五〇年では前例のないフラッシュ・クラッシュ（瞬時の急落）と社会不安を引き起こすとまで言明した。

繰り返すが、日本国内金融機関の対外与信残高は、世界の国別でトップだ。次に世界的な危機が起これば流動性が枯渇し、米ドルの調達難などを通じて瞬く間に邦銀にまで危機が波及する恐れもある。まさに、時限爆弾だ。

バス氏は、香港に金融の時限爆弾があると説くが、実は邦銀にこそ最大の時限爆弾が眠っているのかもしれない。その時、あなたの国内の預貯金はあっという間に引き出し不能となるかもしれない。

第二章

地銀はもっと危ない!!

債務者は負債を負うとどうなるか、
債権者は融資をするとどうなるかを心しておく必要がある。
（ロバート・ルービン：米元財務長官）

悪化の一途をたどる地銀の業績

金融機関の中でも、地方銀行を取り巻く経営環境は非常に厳しい。多くの地銀で業績が急激に悪化している。

上場する七九の地方銀行・第二地方銀行・グループの二〇一八年四～一二月期決算は、連結純利益が前年同期比一一％減の約六九三八億円、本業の儲けを示す実質業務純益は前年同期比七％減の八八一八億円となった。

先行きの見通しも厳しい。一九年三月期の通期予想は純利益合計が前期比九・五％減の八七六八億円となり、二年連続で一兆円を割り込む見通しだ。七九行・グループのうち、実に約八割に相当する六五行・グループが減益であった。スルガ銀行、武蔵野銀行、栃木銀行の三行が赤字に転落した。また、みちのく銀行と島根銀行については、実質業務純益が赤字に転落した。

二〇一八年九月には、金融庁が一〇六行ある地銀のうち、約半分の五四行の本業が赤字になっているとの集計結果を発表した。二〇一八年三月期決算をもとに、融資や金融商品の販売などに伴う手数料収入を本業利益として計算したという。地銀の赤字は一時的なものではなく、長期化している。

赤字になった五四行のうち、五二行は二期以上連続の赤字であり、二三行は五期以上の連続赤字であった。地銀の多くが長期間、赤字の泥沼から抜け出せない状態に陥っているのだ。連続赤字行は年々増えており、赤字に陥る地銀は今後ますます増えると予想される。

信金・信組も厳しい

信用金庫、信用組合の経営環境も厳しい。信金中央金庫がまとめた二〇一七年度の全国信用金庫概況・統計によると、全国二六一の合算ベースの決算で業務粗利益は前期比三・五%減の一兆六六〇二億円となっている。業務純益は前期比一二・二%減の三三四八億円と五年連続の減少となり、コア業務純益についても前期比一・七％減の二九二三億円と一一年連続の減少となった。そして、当期純利益は四・七減の二六五二億円となった。

信用組合の収益力も低下が続く。関東財務局管内の五二の信用組合の二〇一八年三月期の業務粗利益は前年同期比一・八二％減の一一四七億円、実質業務純益は前年同期比八・二六％減の二一一億円、当期純利益は前年同期比一一・八二％減の一三九億円となった。

また、「ろうきん」（労働金庫）の経営も厳しい。ろうきんは労働組合や生活協同組合などが会員となり、会員が出資し会員へのサービスを目的とする非営利組織である。わが国最大の労働金庫である中央労働金庫のディスクロージャー誌によると、同金庫の二〇一七年度の業務純益は九八億四七〇〇万円であった。二〇一一年度の業務純益は一八五億一五〇〇万円であり、ほぼ半減という状況だ。当期純利益についても、二〇一二年度の一二四億四〇〇〇万円から毎年減少し、二〇一七年度は七九億八三〇〇万円まで落ち込んでいる。

地銀を取り巻く厳しい経営環境

このように、全体として地銀・信金・信組などの地域金融機関の業績悪化には一向に歯止めがかからない。「実感なき」とは言われるものの、仮にも景気拡大局面であるにも関わらず業績が上向かないのはなぜか？　それは、わが国の金融業界がこれまでのビジネスモデルの根幹を揺るがす構造問題を抱えているからだ。具体的に項目をあげて見て行こう。

①超低金利の長期化による利ザヤの縮小

銀行は、低い金利で調達した主に短期の預金を高い金利で主に長期で貸し出すことにより生じる利ザヤを収益源とする。かつては、とにかく多くの預金を集め貸し倒れリスクの低い優良な貸出先を見つければ、確実に利益を上げることができた。

ワンポイント用語解説

業務粗利益

貸出金利息や資金運用利息等の銀行の本業の収益から、預金利息等の資金調達費用を差し引いたもの。

業務純益

金融機関が融資などの本業で得た利益で、一般企業でいう営業利益に相当。業務粗利益から役務取引等収支、その他業務収支、経費等を加味して算出する。

実質業務純益

業務純益から、一般貸倒引当金繰入額等の一時的な変動要因を除いたもの。金融機関の基本業務による収益力を表す。

コア業務純益

業務純益から、有価証券の売却損益や一般貸倒引当金繰入額等の一時的な変動要因を除いたもの。金融機関の基本業務による収益力を表す。

しかし、長期化する日銀の金融緩和により、金利は限りなくゼロに近い水準まで低下している。短期金利に強く影響する政策金利は、わが国では一〇年以上、変わらない。〇・〇〇～〇・一〇％である。

二〇一六年一月にはマイナス金利政策も導入された。さらに日銀は、同年九月に「長短金利操作付き量的・質的金融緩和」と呼ばれる金融政策を導入し、長期金利をゼロ％近辺に誘導している。日銀は本来、市場に委ねられるべき長期金利までゼロに抑え込んでいるのだ。

このように、短期金利も長期金利もほぼゼロになった。その結果、金利差はほとんどなくなり、銀行の収益源となる利ザヤは激減した。

もちろん、金融緩和による金利低下の影響は、貸出金利だけでなく預金金利にもおよぶ。しかし、預金金利には引き下げ余地がほとんどない。何しろ、大手都銀では一年ものの定期預金金利でさえ〇・〇一％という低水準である。相対的に引き下げ余地のある貸出金利の低下幅の方が大きくなるわけだ。こうして利ザヤは縮小し、それが銀行の経営を直撃している。

これでは銀行もたまったものではない。日銀の金融政策に対し、銀行の不満が高まるのも当然だ。全国地方銀行協会の佐久間英利会長（千葉銀行頭取）も記者会見の席で、「出口が見通せない現在の金融政策も、我々にとって大きな慢性ストレスと言わざるを得ない」（日本経済新聞二〇一八年五月一六日付）。（このまま低金利の環境が続けば地方銀行の基礎体力が蝕まれ）「地域の金融仲介機能に深刻な影響が生じる恐れがある」（同前）と語った。全国の地銀のトップが「慢性ストレス」という辛辣な表現を使い、日銀の金融政策への不満をあらわにしたのだ。

銀行は、もはや本業ではまともな収益を上げることができず、そのビジネスモデルは崩壊しつつある。

② 少子高齢化と人口減少

日銀の金融緩和策による超低金利の長期化が、銀行経営にダメージを与えているのは間違いないが、仮に今後、十分な利ザヤが得られるような金利水準になったとしても、地銀をはじめとする地域金融機関の経営環境はますます厳しくなる可能性が高い。少子高齢化と、それがもたらす人口減少が強烈な逆風となるからだ。

わが国の生産年齢人口（一五歳～六四歳）は、一九九五年をピークに減少に転じ、総人口についても二〇〇八年をピークに減少に転じている。国勢調査によると、二〇一五年のわが国の総人口は一億二七〇九万四七四五人であった。

わが国の人口は、今後も減少が見込まれる。国立社会保障・人口問題研究所の将来推計（出生中位推計）によると、二〇五三年には九九二四万人と一億人を割り込み、二〇六五年には八八〇八万人になるという。同推計によれば、年少人口（一四歳以下）は二〇一五年の一五九五万人から二〇六五年には八九八万人に、生産年齢人口についても二〇一五年の七七二八万人から二〇六五年には四五二九万人へと、それぞれ大幅な減少が予想される。

その一方で増加するのが老年人口（六五歳以上）である。老年人口は二〇一五年の三三八七万人から二〇四二年には三九三五万人へと増加しピークを迎え、その後は減少に転じ二〇六五年には三三八一万人となる。老年人口については、二〇一五年と二〇六五年とでほとんど変わらない。

では、高齢化のピークは二〇四二年かと言うと、そうとも言えない。人口全体に占める高齢者の割合は、その後も増えて行くのだ。老年人口割合は、二〇一五年の二六・六%から二〇六五年には三八・四%へと上昇する。老年人口は増えないのに老年人口割合が大きく増えるのはなぜかと言えば、総人口が減るからに他ならない。こうして、二〇六五年には日本の人口構成は四割近くを高齢者が占める状態になるのである。

国内における人口の移動も見逃せない。都市部への人口集中と、地方の人口流出だ。総務省統計局の「住民基本台帳人口移動報告」によると、戦後、三大都市圏（東京圏・名古屋圏・大阪圏）の合計は、ほとんどの期間で転入超過となっている。名古屋圏と大阪圏については一九七〇年代半ば以降、目立った転入超過は見られないが、東京圏だけは戦後の多くの時期で大幅な転入超過が続いている。

三大都市圏と三大都市圏以外の地域の人口シェアの推移を見ると、一九五五年は三大都市圏が三七・二%、三大都市圏以外の地域が六二・八%であったが、二〇一五年には三大都市圏が五一・八%、三大都市圏以外の地域は四八・二%と逆転している。この傾向は今後も続くと見られ、総務省の推計によると二〇五〇年には三大都市圏が五六・七%、三大都市圏以外の地域は四三・三%になるという。特に東京圏の人口シェアは一九五五年の一七・三%から二〇一五年には二八・四%へと高まり、二〇五〇年には三二・五%へと安定的に上昇すると予測されている。

三大都市圏以外でも、札幌市、仙台市、広島市、福岡市は転入超過傾向となっており、国全体として雇用吸収力の高い都市部に人口が集中している。人口二〇万人以上の都市に居住する割合は、一九四七年の一五・三%から二〇一五年には五三・一%へと増えた。このように、多くの人々が都市部へと移り住む傾向は今後も変わらないと見られ、地方の人口減少には歯止めがかかりそうもない。

しかも、厄介なことに人口流出地域は高齢化も進む。若者を中心に現役世代がより魅力的な職を求め都市へと出て行く一方、高齢世代は住み慣れた土地を離れない傾向があるためだ。内閣府が公表する平成三〇年版高齢社会白書によると、二〇一七年時点の都道府県別の高齢化率（六五歳以上の人口割合）は、三大都市圏ではおおむね二〇％台であるのに対し、三大都市圏以外の地域では三〇％を超える都道府県が目立つ。

このような少子高齢化と人口減少により、とりわけ地方における資金需要の継続的な減少は避けられず、今後ますます地域金融機関の経営を圧迫して行くことになる。

カードローンとアパートローンで延命

これまで銀行は、利ザヤの縮小による収益減少を融資額や融資件数の拡大、国債などへの投資収益でカバーしてきた。しかし、日銀のマイナス金利政策の導入により、それらで収益を上げることは非常に難しくなった。このような状況の中で、多くの銀行が「カードローン事業」と「アパートローン事業」を拡大して行った。

カードローン事業は銀行にとって収益性の高い魅力的な事業であった。個人向けカードローンであれば、一〇％を超える金利収入が見込める。ゼロ金利、あるいはマイナス金利の時代にこれほど割の良い商売はない。

個人向けカードローンと言えば、バブル崩壊後の不況を受け、九〇年代を中心に消費者金融業者が急成長した。しかし多重債務が社会問題となり、貸金業法が改正され二〇一〇年に上限金利の引き下げ、貸付けを年収の三分の一以下に抑える総量規制が導入された。この規制により、消費者金融業者は大打撃を受け、消費者金融で借りられなくなった人たちが続出した。

そんな人たちの受け皿になったのが、銀行だ。実は、銀行は貸金業法の対象ではない。そのため、総量規制の影響を受けないのだ。銀行はこぞってカードローン事業を拡大した。九〇年代の消費者金融業者によるそれと同様、ここ数年、メガバンクによるカードローンのテレビＣＭが目立って増えた。全国銀行協会（全銀協）によると、二〇一九年一月末時点における全国一一五行のカードローン残高は四兆三一四九億円である。審査の結果、年収の三分の一を上回る過剰な融資を行なう銀行も少なくなかった。

やがて銀行のカードローンについても、以前の消費者金融と同様、多重債務者の増加を招いているとの批判が高まった。金融庁が銀行のカードローン事業について監視する姿勢を示すと、二〇一七年には全国銀行協会が会員銀行に対し、返済能力に見合った融資を行なうよう自主規制を促す通達を出した。これを受け、各行は自主規制を行ない、融資を厳格化した。こうして都銀、地銀を問わずカードローン事業の拡大を控えざるを得なくなり、都銀に比べ経営体力の劣る地銀にとっては大きなダメージとなった。

カードローン以上に地銀の経営に大きな影響をおよぼすと見られるのが、アパートローンだ。カードローンについては都銀の比率の方が高いが、アパートローンは地銀の比率が高いのだ。相続税の基礎控除額の引き下げなどもあり、相続税対策としてアパート経営をはじめる富裕層や土地所有者向けに、二〇一三年頃からアパートローンは急激に増えた。全銀協によると、二〇一九年一月末時点における全国一一五行のアパートローン残高は、二二兆八九五二億円である。そのうちの約六五％を地銀と第二地銀が占める。

貸出競争は過熱し、立地や賃料、空室率といった物件の収益性を度外視して融資するケースも少なくないという。融資する相手は富裕層で、保証や担保さえあれば安心というわけだ。こうして、多くの地方で賃貸アパートが次々に建てられた。アパート経営では、オーナーが不動産会社とサブリース契約を結ぶケースも多い。サブリースとは、不動産会社がオーナーから物件を一括で借り上げ、入居者に転貸するシステムで、空室があってもオーナーには一定の家賃が支払われる家賃保証制度があることから人気を集める。

このサブリース契約をめぐるトラブルも多い。一般に、賃貸物件では新築時にもっとも空室率が低く、もっとも賃料が高くなる。築年数が経つに従い、空室率が上がり賃料も安くなる。賃貸アパートが乱立する中、競争力のない物件だと、新築時には満室にできても数年後には早くも空室が増えるケースも珍しくない。入居者が思うように集まらなくなったところで不動産会社は賃料の減額をオーナーに通知し、オーナーともめるわけだ。空室の増加により、賃料収入ではローンの返済ができず、貯蓄を取り崩したり、生活費を切り詰める人も少なくない。

オーナーがローンの返済に行き詰まれば当然、融資している銀行の財務にも悪影響がおよびかねない。ただでさえ人口減少により、全体としては不動産市況の先行きは決して明るいとは言えない。アパートローンの融資過熱を問題視した金融庁は、二〇一六年末から実態調査に乗り出した。そして地銀に対し、顧客に空室リスクをきちんと説明するなど、顧客本位の業務運営を行なうよう注文を付けた。また、担保や保証に安易に依存した融資姿勢を改め、持続可能なビジネスモデルを構築するよう求めた。

そのような状況の中、ついに事件は起きた。スルガ銀行による不正融資問題である。

スルガ銀行の転落

二〇一八年一月、女性専用シェアハウス「かぼちゃの馬車」を展開する不動産会社「スマートデイズ」が、オーナーに対し賃料が払えなくなったと通告した。かぼちゃの馬車も、やはりサブリース物件であった。賃料収入が絶たれたオーナーの多くは融資の返済が困難になった。

そんな彼らに多額の融資を行なっていたのが、スルガ銀行である。スマートデイズは、シェアハウス投資に関心を持つサラリーマンらにスルガ銀行で融資を受けるよう勧めた。そして、スルガ銀行による不適切な融資が発覚したのである。通帳の写しや書類を改ざんすることで、オーナーの年収や預金残高を水増しするなどして多額の融資を行なっていたという。同年一〇月、金融庁は同行に対して投資用不動産への新規融資を六ヵ月間禁じる業務停止命令を出した。

翌一一月に発表された二〇一八年度の中間決算では、スルガ銀行の最終損益は九八五億円の赤字になった。シェアハウスを含め投資用不動産向け融資の焦げ付きに備え、貸倒引当金が膨らんだためだ。

不正融資問題により、スルガ銀行からの顧客離れが急速に進んだ。同年九月末の預金残高は一年前に比べ六六〇一億円、貸出金残高は二〇〇一億円、それぞれ減少した。株価も暴落した。株価は事件発覚直前の二〇一八年年初には二五〇〇円程度で取引されていたが、同年末には一時、四〇〇円を割り込んだ。本書を執筆している二〇一九年四月現在も概ね五〇〇円台での取引が続き、株価は事件前の五分の一の水準に沈んだままだ。

信用格付けもまた〝暴落〟した。ムーディーズ・ジャパンが付与するスルガ銀行の格付け（長期預金格付け）は事件前、Ａ３（シングルＡマイナスに相当）であったが、二〇一八年八月にＢａａ１（トリプルＢプラスに相当）に引き下げられた。さらに、同年一〇月には一気に四段階引き下げられ、ついにＢａ２（ダブルＢに相当）となった。この格付けが付与された事実は非常に重い。ダブルＢプラス以下は「投機的格付け」とされ、文字通りリスクの高い投資先であ

信用格付け

銀行名	S&P	Moody's	JCR	R&I	総資産額	経常利益	自己資本比率
北國銀行	A−	—	—	A+	38,857	166	13.0%
関西みらい銀行	—	—	A+	—	35,203	162	10.2%
岩手銀行	—	—	—	A−	35,167	112	13.0%
山梨中央銀行	—	—	—	A−	32,417	129	17.5%
大分銀行	—	—	A+	—	31,509	130	10.2%
阿波銀行	—	—	AA−	A+	30,880	197	11.3%
秋田銀行	—	—	A+	—	29,857	93	11.5%
四国銀行	—	—	A−	—	29,339	111	10.4%
十八銀行	—	—	A	—	27,947	99	11.4%
きらぼし銀行	—	—	A−	—	27,920	67	7.4%
宮崎銀行	—	—	A	—	27,645	153	9.6%
青森銀行	—	—	A	—	27,117	89	11.0%
北越銀行	—	—	A+	—	27,019	121	8.5%
親和銀行	—	—	A	A+	25,957	77	8.8%
千葉興業銀行	—	—	A−	—	25,930	117	8.6%
山形銀行	—	—	A+	—	24,920	99	12.3%
福井銀行	—	—	A−	—	24,571	116	10.2%
筑波銀行	—	—	BBB+	—	23,185	79	9.0%
佐賀銀行	—	—	—	BBB+	22,916	55	8.9%
琉球銀行	—	—	A	—	22,026	83	8.8%
沖縄銀行	—	—	A+	—	20,935	107	10.9%
みちのく銀行	—	—	BBB+	—	20,518	66	8.1%
三重銀行	—	—	A−	—	19,349	51	8.8%
荘内銀行	—	—	BBB+	—	15,410	56	10.1%
清水銀行	—	—	A	—	14,773	47	10.4%
北都銀行	—	—	BBB	—	13,525	62	11.7%
北九州銀行	—	—	—	—	11,015	32	10.8%
鳥取銀行	—	—	BBB	—	9,914	34	10.8%
但馬銀行	—	—	—	—	9,772	19	9.3%
東北銀行	—	—	BBB	—	8,379	26	9.3%
筑邦銀行	—	—	BBB+	—	7,471	25	8.1%
富山銀行	—	—	—	—	4,779	17	10.1%

※総資産額と経常利益、自己資本比率は2016年3月期、
信用格付けは2019年4月時点のデータ。
※きらぼし銀行は東京都民銀行、関西みらい銀行は近畿大阪銀行のデータ

地銀

銀行名	S&P	Moody's	JCR	R&I	総資産額	経常利益	自己資本比率
横浜銀行	―	A1	AA	AA⁻	151,352	1,084	12.8%
千葉銀行	A	A1	―	AA⁻	132,658	797	13.8%
福岡銀行	―	A3	A⁺	AA⁻	123,634	668	8.4%
静岡銀行	A	A1	―	AA⁻	110,850	661	15.1%
常陽銀行	―	A2	―	A⁺	92,364	427	11.5%
西日本シティ銀行	―	―	A	A⁺	88,316	431	9.0%
七十七銀行	―	A2	AA	A	85,701	243	10.9%
広島銀行	―	A2	AA⁻	A⁺	81,853	451	11.1%
京都銀行	A	―	―	A	81,437	314	13.0%
八十二銀行	A	―	AA	A⁺	81,253	425	20.0%
中国銀行	―	A1	―	A⁺	77,702	406	14.9%
群馬銀行	A⁻	A2	AA	A⁺	76,121	398	12.6%
北陸銀行	A⁻	―	―	A	68,805	268	9.8%
伊予銀行	A	―	AA	A⁺	64,826	382	15.4%
十六銀行	―	―	A	―	61,623	191	9.7%
山口銀行	―	―	―	A⁺	61,568	348	16.3%
足利銀行	―	―	―	A⁺	60,988	399	8.7%
東邦銀行	―	―	A	―	58,586	160	9.7%
南都銀行	―	―	A	A⁻	54,946	131	9.1%
池田泉州銀行	―	―	A⁻	―	53,953	191	9.9%
大垣共立銀行	―	―	A	―	53,212	210	9.8%
百五銀行	―	―	―	A	53,177	170	10.0%
第四銀行	―	A2	A⁺	―	53,045	217	10.8%
山陰合同銀行	―	A2	AA⁻	A⁺	51,381	219	14.8%
滋賀銀行	―	―	A⁺	A⁺	50,016	209	16.5%
肥後銀行	A⁻	―	―	A⁺	47,315	214	12.1%
百十四銀行	―	A3	A	―	47,016	175	9.4%
北海道銀行	―	―	A	A	47,015	200	10.2%
紀陽銀行	―	―	A	A⁻	44,363	216	9.9%
スルガ銀行	―	―	―	BBB⁻	43,812	544	11.6%
武蔵野銀行	―	―	A⁺	―	43,161	198	9.8%
鹿児島銀行	A⁻	―	―	A⁺	41,963	179	11.5%

※総資産額と経常利益の単位：億円

ることを示すからだ。いわば、「危険」というレッテルを貼られたようなものだ。

しかし、スルガ銀行の格下げはさらに続く。同年一一月にはさらに三段階格下げされ、B2（シングルBに相当）となった。格付けは、わずか数ヵ月で八段階も引き下げられたのだ。格付けの見通しはネガティブとされ、さらなる格下げの可能性が示された。

ちなみにその直後の同年一一月末、ムーディーズ・ジャパンはスルガ銀行に付与したB2の格付けの取り下げを発表した。取り下げは、ムーディーズ・ジャパンのビジネス上の理由とされている。

実はスルガ銀行は、「地銀の優等生」として知られる優良銀行と言われていた。二〇一七年三月期決算まで五期連続で最高益を更新している。横浜銀行、千葉銀行に次ぐ地銀三位の業務純益を誇り、森信親金融庁長官（当時）も、スルガ銀行を「地銀のモデル銀行」として絶賛した。

二〇一七年九月に発行された『週刊現代』には、「給料地銀トップ！　スルガ銀行『結果につなげる経営会議』はここが違う」と題して、スルガ銀行の経営の素晴らしさを伝える記事が掲載された。その一部を紹介しよう。

スルガ銀行（静岡県沼津市）の経営方針を決める取締役会は、毎月一回、東京・日本橋にある東京支店の会議室で行われる。

会長、社長以下七名の取締役と三名の社外取締役が出席し、ここに監査役が加わる。毎回一五名ほどの出席者で一時間程度、激論が交わされる。

経営トップの指示が言い渡されるだけの静かな会議ではない。幹部が粛々と報告するだけの儀礼的な会議でもない。会議室にあるのは、役員が侃々諤々と議論する喧騒だ。沈黙は許されない。（中略）

同行で社外取締役を務める元マイクロソフト日本法人社長の成毛眞氏が語る。

「取締役会では無駄な議論は一切ありません。一つの会議で二〇から三〇のテーマが話し合われますが、各役員から意見が出ると、岡野会長が『面白いよ、すぐやろう』、『それはまだ無理だ。考え直せ、はい次』と、どんどん進む。

最終ジャッジこそ岡野会長の役割ですが、すべての役員がアイデアを出し、それを実行に移そうとしています。

雰囲気はベンチャー企業の役員会議に近いですね。ざっくばらんで言いたいことを言い合える。初期のマイクロソフトの役員会議が、まさにこんな感じでした」

（『週刊現代』二〇一七年九月二三日・三〇日合併号）

闊達に議論し合い、チャレンジ精神に満ちたベンチャー企業のような経営がスルガ銀行を飛躍的に成長させたという。スルガ銀行は法人向けを捨て、個人向け融資に特化した独自のビジネスモデルで成長した。アパートローンや住宅ローンなどの不動産融資と、カードローンの二本柱が収益を支えた。

スルガ銀行は、地銀の中でも経営効率が際立って高いことで知られる。不正融資問題により二〇一八年度上期のコア業務純益は大きく減少したが、それでも地銀五位に位置する。経費率は四四・一％と、地銀の中でもっとも低い。その効率経営、収益力を支えているのが利ザヤの厚さだ。金融緩和の影響で、預貸金利ザヤ（貸出金利と預金金利の差）は多くの銀行で年々縮小を余儀なくされ、一般的には〇・三％程度である。ところが、スルガ銀行の預貸金利ザヤは、二〇一八年三月期でなんと二・三七％もあるのだ。もちろん、断トツで地銀ナンバーワンである。

預金金利はほぼゼロだから、預貸金利ザヤが大きいということはそれだけ貸出金利が高いということになる。経営が苦しい中、どこの銀行だって高い金利で貸出したい。しかし、他行より高い金利を設定すれば当然、顧客は金利の低い他行に流れる。

では、なぜスルガ銀行は高い金利で融資できるのだろうか？　答えは簡単だ。より信用力の低い顧客を対象にしているからだ。スルガ銀行は、勤続年数が短かったり年収の低いサラリーマンや収入が不安定になりがちな自営業者など、一般の銀行では融資を断られがちな人たちを対象により高い金利での融資を増やしてきたのだ。要は、リスクの高い融資を増やすことで、高い収益を上げてきたというわけだ。そして、そのリスクはシェアハウス問題で顕在化した。

スルガ銀行の問題は、他の地銀にとってもまったく他人事ではない。利ザヤの縮小で収益を上げることができない以上、何かしら別の手段で収益を上げなければならない。どの手段を取るにせよ、それ相応のリスクを伴う。赤字が続き、追い込まれた地銀の中には、収益を求めて高いリスクを取る動きが目立ちはじめている。

石橋を叩くばかりでは、いつまでたっても赤字から抜け出すことはできないのだ。

低採算融資を増やす地銀

多くの地銀は、優良企業の資金需要が伸び悩む中、比較的信用力の低い「ミドルリスク企業」への融資を増やしている。

金融庁は二〇一八年四月に公表した「金融システムレポート」で、ミドルリスク企業向け融資の中でリスクに見合わない低金利での「低採算融資」が増えていると指摘し、地銀や信金の経営体力に懸念を示した。貸出競争が激化する中、金利が低ければ借りたいという企業は少なくないのだ。

中小企業向けの貸出全体に占める低採算先貸出の割合は、二〇一〇年の一七％から二〇一六年の二五％へと増加している。約二割の金融機関では、低採算先貸出の占める割合が三〇％以上になっている。

その一方で、融資先の倒産などで回収できなくなる可能性に備えて積んでおく貸倒引当金は、倒産件数の減少を受け歴史的な低水準になっている。ここにも金融機関の危うさがある。あらかじめ十分な額の貸倒引当金を積んでおけば、債権回収ができなくなった場合でも損失が膨らむリスクを回避できる。

しかし、債権回収ができなくなった際に貸倒引当金が不十分だと、大きな損失が発生し、不良債権問題につながりかねない。

現在の低水準の貸倒引当金は、金融機関のコスト負担を減らし、収益改善に貢献している。今後、景気が悪化し、貸倒引当金の引当率が引き上げられれば、金融機関のコスト負担は増し、収益の悪化は避けられない。金融庁の「金融システムレポート」では、正常先債権の貸倒引当金の引当率がリーマン・ショック時並みに上昇すれば、一部の地域金融機関でコア業務純益の五〇％以上に相当する信用コストが発生する可能性があるとの試算を示している。

ミドルリスク企業向けの低採算融資は、今後、景気が悪化する局面では要注意先債権の増加につながり、貸倒引当金の引当率の上昇を通じて地銀の収益を圧迫する可能性が非常に高い。

頼みの綱、米国債の運用にも暗雲

金融機関は、有価証券にも投資している。日銀の公表データによると、国内銀行が保有する有価証券残高は約一九一兆円。そのうち三三％に相当する六三兆円を日本国債、二五％に相当する四八兆円を米国債などの外国証券が占めている。貸出などの本業からの収益が減少する中、有価証券投資により得られる運用益は、金融機関にとって貴重な収益源となっている。

しかし、日本の一〇年物国債の利回りは日銀の金融政策によりゼロ％近辺になっており、運用益は期待できない。

そこで、多くの金融機関は、より高い利回りの得られる外国債券、特に米国債への投資を増やしてきた。米国債であれば、利回りが高い上に信用力も高い。アメリカの景気拡大と利上げを映し、米国一〇年物国債の利回りは二〇一八年には三％を超えた。ゼロ％の日本国債とは雲泥の差だ。

もちろん、外債投資には為替変動リスクがある。三％の利回りが得られても、為替相場が円高に振れれば為替差損が生じ、円ベースでもマイナスになり得る。そこで、一般に金融機関は為替変動リスクを避けるため、ヘッジをかけて外貨を調達する。その調達コストがあるから、円ベースでの利回りは大きく下がるが、それでも日本国債に比べればずっと高い運用益が得られる。米国債運用は、厳しい銀行経営を下支えしてきたのである。

ところが、最近になり、銀行にとって頼みの綱である米国債投資に暗雲が漂いはじめた。二〇一八年秋以降、株式が急落するなど景気減速懸念が急速に高まり、金利の上昇が止まった。米国一〇年債の利回りも急激に低下した。為替変動リスクをヘッジするためのコストも低下したが、国債利回りの低下幅の方がはるかに大きかった。

本書を執筆している二〇一九年四月現在、米国一〇年債の利回りは二・五%程度で推移している。一方、為替変動リスクのヘッジコストは二・九%程度かかっているようだ。つまり、二・五%の利回りを得るために二・九%のコストを支払う「逆ザヤ」の状態で、差し引き〇・四%のマイナス利回りということになる。これでは米国債に投資する意味はないし、損切りを強いられる金融機関も増えるだろう。

また、金融庁が二〇一九年三月より新たに導入する「ＩＲＲＢＢ」と呼ばれる金利リスク規制も金融機関、特に地銀をはじめとする地域金融機関の外債投資に逆風となる。これは金利が変動した際の保有債券の損失リスクを厳格に算出し、自己資本の二割以下に収まるかどうかを計測し、自己資本の二割を超えると金融庁が対話に乗り出す仕組みだ。円建てよりも外貨建て債券の方が算出の前提が厳しく設定されている。そして、この新規制に抵触する地銀は少なくないと言われているのだ。

米国債投資の逆ザヤに加え、新規制「ＩＲＲＢＢ」の導入もあり、銀行による米国債投資は事実上、困難になった。こうして、また一つ地銀の収益源が失われつつある。

地銀マネーは外債から国内社債へ

日本国債に加え、米国債投資でも収益を上げることが難しくなる中、地銀などの地域金融機関の資金は、国内社債に向かいつつある。

債券の利回りは発行体の信用力により異なる。信用力が高い（安全性が高い）

債券は利回りが低く、信用力が低い（安全性が低い）債券は利回りが高くなる。

一般に、先進国の債券でもっとも信用力が高いのは国債である。そのため、通常はあらゆる債券の中で国債の利回りがもっとも低くなる。社債の利回りは、基準となる国債の利回りに上乗せ金利（スプレッド）を加えることで決まる。つまり、社債利回り＝国債利回り＋上乗せ金利（スプレッド）ということだ。

社債間の利回りの差は、上乗せ金利（スプレッド）の差に他ならない。信用力の低い企業の社債は、債務不履行（デフォルト）して投資した資金が毀損するリスクが高い。そのリスクに見合う利回りが得られないと買い手が現れないから、スプレッドが大きくなる。信用力が高く、スプレッドが小さい社債の方が安心感はあるが、特に地銀にとっては本業の収益減少をカバーするのに十分な収益は得られない。

二〇一八年秋以降、株式急落でリスクオフ（リスク回避）ムードが高まると、先進国の国債が買われる一方で社債は全般に売られた。長期金利（一〇年物国債利回り）は低下し、社債のスプレッドは拡大した。

ところが二〇一九年に入り、株式市場はそれまでの大幅な下落の反動に加え欧米の中央銀行が緩和姿勢を強めたこともあり、急激に値を戻している。次第にリスクオフムードは薄れ、社債のスプレッド拡大にもブレーキがかかりつつある。社債のスプレッドが小さくなれば、社債の利回りは低下する。経営が苦しい地銀ほど、多少のリスクは覚悟の上でより利回りの高い社債に投資せざるを得ない。

社債の中でも、たとえば「劣後債」のように利回りの高い債券もある。劣後債とは、発行企業の破綻やデフォルトなどの際、普通社債に比べ元本および利息の弁済順位が劣る債券である。企業が破綻したとしても、その企業の手元には多少の資金が残っている場合が多い。それを債権者で分け合うことになるが、まずは普通社債の元利金の支払いが優先され、それらが全額支払われた後でなければ劣後債の元利金は支払われない。そして、多くの場合、劣後債に弁済される資金は残らない。劣後債にはこのようなリスクがある分、普通社債よりも高い金利が設定されている。劣後債は社債ではあるが、性質はむしろ株式に近く、ハイリスク・ハイリターンの金融商品と言える。

社債への資金流入は地銀マネーに限ったことではなく、世界的な現象だ。歴史的な低金利、運用難を背景に、少しでも高い利回りを得ようと、大量のマネーが社債に殺到している。その結果、信用力の低い企業も低金利の社債を難なく発行し、資金調達ができている。景気が安定しているうちは良いが、ひとたび景気の急減速や市場の混乱などにより金利が急上昇すれば、資金繰りが苦しくなる企業が続出し、それらの企業が発行する社債のデフォルトが急増しかねない。当然、そのような社債に投資している地域金融機関は損失を被り、経営悪化に拍車がかかることになる。

あまりにもお粗末な地銀の資産運用

全体で見ると、すでに地銀は保有する有価証券の中で、株式などのリスク資産の割合を増やしている。リスクの高い運用をするほど、上手く行った時のリターンは大きくなるが、失敗した時のダメージも大きくなる。

実際、地銀の資産運用はお世辞にも上手とは言えない。最近でも、米国債などの運用で大きな損失を出したことが話題になった。米長期金利の上昇（米国債価格の下落）により損失を被ったのだ。二〇一五年一二月の利上げ以降、米長期金利は上昇基調で推移しており、そのような逆風の中、米国債に投資するというのは少々理解に苦しむし、運用のセンスは感じられない。それでも、運用の損益は結果論だし、プロでも当然、損失を出すこともある。

しかし、地銀の資産運用にはあまりにもお粗末な事例が少なくない。米国債投資については、利上げ局面にも関わらず、高い利子収入を得たいがために、金利上昇リスク（債券価格下落リスク）を過小評価した結果、大きな損失を出した。地銀の有価証券運用に対する金融庁の調査では、地銀の資産運用レベルの低さが次々と明らかになっている。外債・投資信託の投資について、損失限度額を設定しておらず、アメリカの金利上昇時に米国債や米国債関連の投資信託の含み損拡大に歯止めをかけられていない事例もある。もっとも基本的な投資技術である損切りすら、ないがしろにされている状態だ。

また、複雑な投資信託について経営陣、担当職員共にその内容・リスクを把握しておらず、それにも関わらず経営陣が多額の投資を承認している事例もあった。もっぱら、ベテランの運用担当者のカンに頼って巨額の資金を運用する銀行もあったようだ。まるで素人同然の運用姿勢で、論外と言わざるを得ない。

悪質な事例も見つかっている。株式の値上がりで利益が出る「ブル型ファンド」と値下がりで利益が出る「ベア型ファンド」を両方購入する。すると、株価の変動により、多くの場合、どちらかが利益となり、どちらかが損失となる。含み益となったファンドのみ売却して収益をかさ上げする一方、含み損の処理を先送りしていた銀行もあった。これなどは運用の巧拙以前の問題で、業績の粉飾に近い。

このような地銀の現状を受け、金融庁はすべての地銀に対し外債などの有価証券の運用で抱えた含み損を放置せず、適切に処理するよう要請したという。まるで経験の乏しい素人投資家に伝えるような内容で、とても金融のプロに対する要請とは思えない。

地銀の未来は？

以上、見てきたように厳しい経営環境の中、多くの地域金融機関にとって明るい未来はなかなか描きにくい。日銀が二〇一九年四月に発表した金融システムレポートでも、非常に厳しい試算が示された。資金需要が減少するケースでは、地銀など国内基準行のうち最終損益が赤字に陥る銀行の割合は、二〇一八年度の一％から二〇二八年度には約六割と大幅に増えるという。

これまで金融庁は、銀行の健全性を見る指標として自己資本比率を重視してきた。しかし、二〇一九年四月に発表した地銀など地域金融機関に対する新しい監督指針で、経営の健全性を判断する目安として、従来の自己資本比率から収益力を重視する仕組みに転換した。

自己資本比率とは、総資本に占める自己資本（純資産）の割合である。自己資本は返済する必要のない資金であり、自己資本が多いほど経営は安定する。自己資本が多ければ、多額の融資の回収ができなかったり、大きな損失が出た場合、自己資本を取り崩して対応することも可能になる。地銀など、海外に営業拠点を持たない銀行の場合、四%以上の自己資本比率が求められている。

では、各銀行の実際の自己資本比率はどうか？　ここ数年、低下傾向にはあるが、それでも二〇一八年三月末の国内基準行平均で九・九五%と高水準にあり、個別の銀行を見ても十分な水準を確保している。

これなら心配する必要はないと思われるかもしれないが、赤字を垂れ流し続ければ、自己資本も減少し、いずれは破綻が避けられない。先の金融システムレポートでも、二〇二四〜二〇二六年度にかけてリーマン・ショック並みの金融危機が発生した場合、資金需要が減少するケースで、地銀など国内基準行の自己資本比率は二〇二六年度に六・五%まで低下すると試算している。とにかく、現在の地銀にとって最大の課題は収益力の強化なのである。

金融庁は今後、収益力の低い地銀に対し業務改善命令を発動するなど、銀行店舗や人員の整理、経営陣の経営責任の明確化などの改革を厳しく求めるという。また日銀は、収益力向上に有効な選択肢として、経営統合やアライアンス（提携）を挙げている。しかし、いずれの方策も銀行経営の持続性を高める決定打になるとは言えず、地銀をはじめとする地域金融機関の多くは、今後ますます厳しい淘汰の嵐に晒されることになるだろう。

しかも、第一章で述べたようなＣＬＯを発火点とする第二次リーマン・ショックが起きた時、地銀に取り付け騒ぎが巻き起こり、地銀が連鎖倒産する時代がやってくるかもしれない。

第三章

元々、銀行にお金はない

――本来、ないことは良いことなのだが……

政府の言うことだけは信用するな。危機はある日突然やってくる。

（二〇一三年テキサスにて浅井隆がカイル・バス本人から聞いた言葉）

新元号への明るい期待のカゲで……

二〇一九年（平成三一年）四月一日、新しい元号「令和」が発表された。発表に至るまで、ネットでもマスメディアでも日常会話でも、多くの国民が新元号をあれやこれやと予想して、大いに盛り上がった。

その盛り上がりぶりは、発表時の視聴率にも顕著に表れた。ビデオリサーチによると、テレビを見ている世帯の割合を示すＨＵＴ（総世帯視聴率）は、新元号が発表された午前一一時台が四二・一％で、前の四週間の平均と比べて二〇％近くも高かった。

新聞各紙は号外を発行したが、東京や大阪の主要駅周辺では、号外の激しい奪い合いが起きた。ＳＮＳには若者たちが号外と共に写った写真を次々に投稿。また「メルカリ」などネット上のフリーマーケットやオークションサイトには号外が出品され、一〇〇〇円以上で取引されたものもあった。こうしたフィーバーぶりを朝日新聞は「令和フィーバー、なぜ起きた『明るいリセット』期待感」と報じた（朝日新聞電子版二〇一九年四月七日付）。

発表時の盛り上がりばかりでなく、新元号に決まった「令和」に対する国民の反応も明るい期待に溢れたものとなった。四月六日・七日に行なわれた世論調査では、「令和に好感が持てる」は、JNN（TBS系列）の世論調査では八二％。産経新聞とFNN（フジテレビ系列）では八七％。ほぼ同時期（四月五日～七日）のNHKでは八一％。マスメディアやネットでは、出典となった万葉集やらゆかりの神社やらが明るいトーンで伝えられ、万葉集ブームが起こりつつある。国民はすっかりこの新しい元号「令和」に馴染み、先の朝日新聞の記事にあるように、新しい元号の時代に明るい期待感を抱いているようだ。

しかし、である。明るい期待にあまり水を差すのは考えものだが、こんな指摘もある。四月一一日号の『週刊新潮』は、「『新元号』報じられない二〇の謎」という特集を組んだが、その中で「改元直後に三度も内閣崩壊の不気味なジンクス」と伝えている。

一九八九年一月、竹下内閣は新元号「平成」を発表。するとその直後、消費税導入に対する反発とリクルート事件で支持率が四％を切るまでに急落。内閣は五ヵ月後に退陣を余儀なくされた。その前一九二六年一二月、大正天皇の崩御による「昭和」への改元の時はどうだったか。時は若槻礼次郎内閣であったが、翌二七年（昭和二年）三月一四日、大蔵大臣・片岡直温の「本日、渡辺銀行が破綻いたしました」という失言がきっかけで「昭和金融恐慌」が勃発。若槻内閣は二七年四月に総辞職に追い込まれてしまう。

『週刊新潮』は、「明治」→「大正」の改元時にも西園寺公望内閣が五ヵ月後に崩壊したと伝えているが、これは陸軍との対立に起因するもので経済要因ではないのでここでこれ以上は取り上げない。私が気になるのは、「平成」と「昭和」の改元時における内閣崩壊の理由だ。消費税・銀行危機・大臣の失言……。これは、今の政治・経済状況とぴったり重なるではないか。

そうは言っても、読者の中で経済史に詳しい方は、こう思うかもしれない。「消費税はともかく、銀行危機に関しては昭和初期と今とでは次元が全然違う。

昭和初期は、東北などの農村で娘の身売りまで余儀なくされるほど貧しかったではないか。今は経済も金融システムも比較にならないくらい底上げされているし、しっかりしたものになっている」と。こうした主張には、確かに一理ある。しかし私は、そんなに楽観視していて良いのだろうかとも考えている。

名著『昭和金融恐慌史』の「序」の冒頭において、高橋亀吉・森垣淑の両氏は、次のように述べているのだ。

昭和二年の金融大恐慌《だいきょうこう》は、全国にわたって、ほとんどすべての銀行が、玉石混淆《ぎょくせきこんこう》、預金取付《とりつけ》の大津波に襲われた、という極めて熾烈《しれつ》大規模のものであって、わが史上かつてない経済大異変であった。しかも、この金融大恐慌は、その直前にまず経済恐慌が勃発《ぼっぱつ》して、それが金融恐慌に発展したという定型的性格のものではなかった。当時のわが経済界は、少なくとも表面的には平常そのものであったのである。

（高橋亀吉・森垣淑著『昭和金融恐慌史』）

そう、「表面的には平常そのものであった」。「表面的には」ということは、問題を内包してはいたが、ということだ。問題は内包しつつも表向きは平常そのもの——これは、今の日本の銀行を巡る状況そのものではないか。

『昭和金融恐慌史』の「序」はさらにこう続く。

当時、金解禁準備として議会に提出された震災手形処理法案の審議における、政争的暴露戦と与野党間の政治的駆引《かけひ》きとが発火点になって、突如一大金融恐慌が誘発された、というきわめて特異な性格のものであった。
（同前）

「政争的暴露戦と与野党間の政治的駆引き」——これも今の国会とまったく変わらぬではないか。昭和金融恐慌の引き金となった有名な片岡蔵相の失言は、野党の執拗な追求によってつい口からこぼれてしまったものであった。同様なことが今起こっても、まったく不思議ではない。

そして、人々が不安を感じて銀行に走るようになれば、今日においても取り付けは大いにあり得る。なぜなら、プロローグでも述べたが、実は銀行にはそんなにお金はないからだ。それには、合理的な理由がある。

銀行で異常なレベルにまで膨張する〝ただ積んでおくだけのお金〟

銀行からは毎日多額の現金が引き出されるが、その一方で多額の入金もある。その差額分に多少の余裕を持たせた額があれば良い。そもそも、現金として貯め込んでいては利益を生まない。利益を生まない現金など必要以上に持っておく必要はないし、それに多額の現金を持っていたらそれこそ銀行強盗が怖い。

しかし、多額の現金引き出しということも当然あり得る。そういう時、銀行はどうしているかというと、そこで使われるのが日銀なのだ。私たちが現金が必要になった時に銀行に行っておろすように、民間銀行は日銀からおろすのだ。

もちろん逆もする。現金がたまり過ぎれば、日銀に開設してある「当座預金口座」に預ける。

さて、今「当座預金口座」と書いたが、読者の皆様の中には「当座預金ということは、利息は付かないよね。それに確か、マイナス金利って話もあったから、ゼロどころかマイナスになっちゃうんじゃないの」と思われた方がいるかもしれない。確かに、民間銀行の当座預金には利息は付かない。そして、民間銀行が日銀当座預金に預けているお金にもマイナス金利が適用されるようにもなった。しかし、実はそれはごく一部に過ぎないのだ。

民間銀行が日銀に預けている当座預金は三層構造になっていて、ざっくり言うと、法的に積むことが定められている「法定準備」はゼロ金利。それを超える「超過準備」には〇・一%の利息が付く。しかし、あまりに多過ぎる「超過準備」にはマイナス〇・一%の金利が付与される。そういう仕組みになっている。そして、この三層構造の中でもっとも厚い部分、多い部分は〇・一%の利息が付く部分なのだ。

賢明な読者は気付かれたように、この政策は明らかに矛盾している。基本はゼロ金利、法的に定められた額を超えた部分にはプラスの付利。さらに超え過ぎた場合はマイナスの付利というのだから、普通に考えれば意味がわからない。これには複雑な理由がある。

元々超過準備に利息を付けるようにしたのは、この付利金利にプロローグで述べた民間銀行間における短期のお金の貸し借り市場である「コール市場」の金利の下限を担うことを期待してのことだ。この制度の下では、何らかの理由でコール市場の金利が付利金利を一時的に下回ったとしても、各金融機関は少なくとも付利金利で資金を運用できるのだから、これが下限になるという考え方だ。このわずか〇・一%の付利が、今銀行にとって干天の慈雨となっている。

では、その反対のマイナス金利はというと、「あまり日銀に置いておいたら損するぞ。日銀に積んでおくんじゃなくて、貸し出せよ」というメッセージだ。しかし、すでに述べてきたように、今の日本に有望な貸出先などない。その結果どうなるかというと、日銀への預け金が膨張しているのだ。たとえば、最近も金融総合専門紙「ニッキン」は二〇一九年三月一五日付で、「地域銀行、預け金・六年で七・五倍、異次元緩和後の運用難映す」と報じている。それによれば、二〇一八年一二月末における地域銀行一〇四行合計の預け金は四三兆九三六〇億円と、日本銀行が異次元金融緩和を導入する前の一二年一二月末から実に七・五倍になったという。その預け先の大部分が日銀当座預金だ。

日銀によると、地域銀行の日銀当座預金は直近（一月一六日〜二月一五日までの平残）で四二兆七四一〇億円。その中でマイナス金利適用部分はわずか一四五〇億円（〇・三三％）。ほとんどが〇・一％のプラス金利かゼロ金利適用部分だが、こんな風にお金を置いておくしかないのが、地域銀行の実態なのだ。

地域銀行だけではない。東京商工リサーチの調べによれば、二〇一八年三月期決算における国内一一四行の「預貸率」（預金残高に対する貸出残高の比率）は調査開始以来最低の六五・五％を記録し、預金と貸出金との差である「預貸ギャップ」が過去最大の二七八兆円に拡大した。資金運用状況を示す「預証率」（預金残高に対する有価証券残高の比率）も、二〇一三年から六年連続で前年同期を下回り、調査を開始した二〇〇六年三月期以来、最低となる二五・九％を記録したという。その一方で、貸出にも証券投資にも回すことのできない余剰資金を示す「現金・預け金」は二一九兆二八〇四億円（前年同期比一二・二％増）に膨れ上がり、「有価証券」残高（二〇九兆九四二三億円）を超えた。

本章のタイトルは「元々、銀行にお金はない――本来、ないことは良いことなのだが……」である。そう、銀行に現金やそれに準ずる預け金（日銀当座預金）が積み上がっていてはいけないのだ。本来は、貸出して儲けなければいけない、有価証券運用で儲けなければいけない、そうでなければ「銀行」という商売はやって行けないのだ。しかし今、人口減少・国内市場縮小で貸出先がない。超低金利で運用先もない。そのため、ほとんど利益を生まない現金・預け金が、預金残高の三割に迫ろうという異常なレベル（かつては二％～四％台で推移していた）にまで膨らんでしまっているのだ。

そしてその一方で、なんとか利益を生み出すために、第一章で述べたようなＣＬＯなどというハイリスクな証券化商品に手を出したり、第二章で述べたようなスルガ銀行的融資に走らざるを得なくなっているのである。これは当然、

「破綻への道」である。

破綻というのは、ガス爆発のようなものだ。ガス漏れでガスが広がって行っても、何かのきっかけで火が点くまではなんともない。しかし、一たび火が点けば、大惨事をもたらす爆発が起こる。そのきっかけが何かはわからない。昭和金融恐慌のような大臣の失言なのか、はたまたネットやＳＮＳでのフェイクニュースの拡散といった現代的な要因によるものか。いずれにしても、ネットの影響力が絶大となった今日においては、危機情報の拡散は一瞬であろう。となれば、令和時代の取り付け騒ぎが起こっても何ら不思議ではない。銀行は「現金・預け金」を膨らませているが、そのほとんどは「預け金」であって、「現金そのもの」はないのだから。

先に述べたように、銀行にお金がないのには合理的理由がある。大体いくらくらい現金引き出しがあり、大体いくらくらい現金預け入れがあるのか、それは統計的にわかっているからだ。しかし、統計が有効に機能するのは〝平時〟での話だ。久留米大学商学部教授の塚崎公義氏は、二〇一七年一月二三日付

『WEDGE Infinity』において、「銀行の金庫には現金がほとんど無いが、大丈夫か?」と題する論考を寄稿しているが、その中でこのように断じている――「統計は通常は当てになるが、取り付け騒ぎのような非常事態においては当てにならない」と。当然である。平時におけるお金の動きと取り付け騒ぎの時のお金の動きとはまったく違う。そんな時に平時感覚で平時と同じ、あるいはプラス何割程度のお金しか用意していなかったら、たちまち現金は底をついて引き出し不能となり、取り付けはさらに激化すること間違いなしである。

すでに述べたように、昭和金融恐慌の時も、「表面的には平常そのもの」であった。だから、事態を甘く見ていて対処を誤ったのだ。

ここから、もう少し詳しく昭和金融恐慌を見て行こう。

昭和金融恐慌時に起こったこと

さて、ここで昭和金融恐慌のすさまじさを実感していただくために、この時発行されたお札をご覧いただこう。裏面、何かが薄く印刷されているように思われるかもしれないが、そうではない。表面が透けて見えているだけである。そう、裏面は真っ白なのだ。取り付けに対応するため大急ぎで紙幣を大量に刷らねばならず、裏面を印刷する時間すらなかったのである。

一九二七年四月二一日、新たに首相となった田中義一（若槻内閣は四月二〇日に総辞職）から蔵相に任命された高橋是清は、人心の不安を払拭すべく片面のみ印刷という二〇〇円札の様式を急きょ制定し、五〇〇万枚以上刷らせて銀行に届けた。銀行は潤沢に供給された現金を店頭に積み、支払いに滞りが生じないことをアピール。取り付けに集まった人は、店頭に積まれた現金を見て安心したという。

ちなみに、高橋是清が蔵相に就任する前の四月一八日時点での日銀券発券高は、一四億九七〇〇万円。それが、わずか一週間後の四月二五日時点では、二六億六〇〇〇万円にまで急増している。ほぼ倍増だ。普段流通しているのと同量の紙幣をわずか数日のうちに制定し、刷り、配り、全国の銀行に積み上げたのだ。高橋の辣腕ぶりがわかろうというものだ。今の政治家には、とてもまねのできない芸当である。

ただ、当時はこんな識見・胆力のある政治家もいたが、失言以外でも今の政界と似たような動きもあり、それが昭和金融恐慌の被害を甚大なものにしたというのも事実だ。

昭和金融恐慌は、三月一五日の片岡蔵相の失言にはじまったというのは有名な話だが、実は三月における取り付けは京浜地区を中心とする局地的なものに過ぎなかった。それが全国的な銀行パニックへと拡大してしまったのは、政府が台湾銀行・鈴木商店問題を収拾できなかったためなのである。

台湾銀行というのは、当時日本の統治下にあった台湾の銀行で、商業銀行であると共に台湾での発券銀行でもあるという特殊銀行であった。一方の鈴木商店というのは、現在の双日につながる戦前の一大総合商社であったが、第一次世界大戦後の反動不況、そして関東大震災により大打撃を受け、経営は破綻の危機に瀕していた。その鈴木商店に巨額の融資を行なっていたのが、台湾銀行

乙二百円券
1927
（昭和 2）年
表面

乙二百円券
1927
（昭和 2）年
裏面

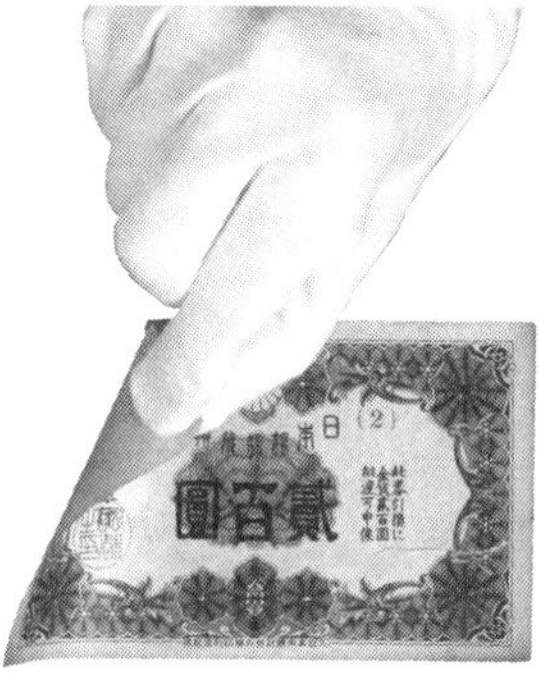

裏面が白紙のお札。取り付けに対応するため、裏面を印刷する時間がなかった。

（日本銀行金融研究所貨幣博物館所蔵）

だったのである。
政府は台湾銀行救済のために緊急勅令を制定すべく、四月一三日に緊急勅令案を決定し、翌一四日枢密院に諮った。勅令案は次の通りであった。

第一条　日本銀行は昭和三年五月末日まで台湾銀行に対し無担保にて特別融通をなすことを得（憲法第八条による）
第二条　政府は第一条の規定に従い日本銀行が台湾銀行に融通をなしたるため損失を生じたる場合においては二億円を限度として補償をなすことを得（憲法第七十条による）
（注：ちなみに当時の物価は現在のおよそ二〇〇〇分の一であるので、二億円は約四〇〇〇億円相当）。

この案は、野党・政友会から一行一商社のために国民に多大な犠牲を強いることは筋が通らぬと攻撃され、枢密院でも議論は難航。ついに四月一七日、枢密院本会議で否決される。否決の根拠として挙げられたのは、①本案が依拠した憲法八条の「その災厄を避くるため緊急の必要により」という文句は、この勅令案では妥当しないこと。②憲法七十条の「内外の情形により政府は帝国議会を召集すること能わざるとき」の条件に当てはまらぬことなどであった。つまり、緊急事態だという認識がなかったのである。

しかし、この緊急勅令否決を受けて台湾銀行は立ち行かなくなり、四月一八日にむこう三週間内地および海外支店出張所の休業を決定した。これが全国に衝撃を与えた。台銀は特殊銀行であり、政府が何らかの救済を行なうと見られていたからである。これを契機に取り付け騒ぎは全国に拡大、未曽有の金融恐慌が荒れ狂うこととなる。

私が現在と共通するものとして懸念するのは、この緊急事態という危機意識のない議論である。こうした空気は当時より今の方が一層強い。これでは、「いざ！」という時に適切な対処など、到底取り得ないであろう。

今、銀行には逆風が吹いているが、とりあえず表面的にはほとんど何事も起こっていない。しかし、本書ですでに述べてきたように、金融を巡る状況の内実は未曽有の異常事態と言っても過言ではない。それが表面化した時、有事が訪れた時、わが国の政治はおそらく機能しないであろう。

一二世紀までキリスト教社会では、金利は禁止されていた

それにしても、銀行の凋落は著しい。二〇一九年四月三日付朝日新聞は、「三メガ銀、新卒採用が急減　四年で三分の一　経営厳しく人気も低迷」と報じた。二〇二〇年春の新卒採用は、四年前二〇一六年の三分の一まで絞るのだという。中でも最大手の三菱ＵＦＪの二〇年春の採用数は、一九年春のほぼ半分の五三〇人で、三行でもっとも絞っている。メガバンクが採用を絞り込まざるを得ない事情はわかる。採用すれば人件費という固定費にストレートに跳ね返る。すでに繰り返し述べてきたように、銀行業を取り巻く環境は極めて厳しい。

さらに、銀行業内においても店舗を持たないネット銀行が次々と誕生し、高

金利などを武器に従来型銀行から顧客を奪っている。こうした変化を受けて、銀行側が新規採用を絞り込むだけでなく、第一章で述べたように就職しようとする学生側からの銀行人気も急落している。

「地獄の沙汰も金《かね》次第」「財布のひもを握る」といった言葉がある。銀行はその金《かね》を握った存在だった。だから強かった。企業は銀行に背を向けられたら存在できなかった。銀行の経済社会における存在感は別格だった。

今、その銀行存在の足下が揺らいでいる。お金や金融に関する世界は劇的に変わりつつある。銀行は、これからどのようになって行くのだろうか。それを探るために、まずはお金と銀行の歴史を辿って行きたいと思う。

銀行の歴史は古代にまで遡る。驚くなかれ、早くも紀元前三〇〇〇年のメソポタミアで、寺院・王室の国庫および民間の土地所有者による利息を伴った貸付けが行なわれていた。これらの取引において貸付者――たとえば紀元前一〇〇〇年のエジビ家――は、他人から預金を受け入れ、それを使うのではなく、自己の資産から貸付けを行なっていた。お金を貸出して利子を取る――これは五〇〇〇年の昔から人類が行なってきたことなのだ。

しかし、読者の多くもご存じの通り、現在でもイスラム教社会においては利子を取ることは禁じられている。それどころか、実はキリスト教社会においても一二世紀までは利子を取って金を貸すことは禁じられていた。

その根拠は、聖書にある。わが国はクリスチャンが非常に少ないので、聖書について一応簡単に説明しておこう。一口に聖書というが、「旧約聖書」と「新約聖書」とがある。この旧約聖書はユダヤ教・キリスト教の聖典で、実はイスラム教の聖典の一つでもある。キリスト教の場合は、この旧約聖書に加え新約聖書が聖典となっている。

この新約聖書の中に、このような記述がある。「あなた方は、敵を愛し、人によくしてやり、また何も当てにしないで貸してやれ。そうすれば受け取る報いは大きく、あなたがたはいと高き者の子となるであろう」(ルカによる福音書第六章三五)。「何も当てにしないで貸してやれ」――これが、一二世紀までキリスト教社会において利子付き貸付けが禁止された根拠であった。

では、ユダヤ人はなぜ利子付き貸付けを行なってきたのか。

それは旧約聖書にあるこの言葉を根拠とする。「外国人には利息を取って貸してもよい」（申命記第二三章二〇）。皆さんは、「旧約聖書はユダヤ教だけじゃなく、キリスト教の聖典でもあるのに……？」といぶかしく思われたかもしれないが、興味深いことに、中世初期までのヨーロッパでは、キリスト教徒は必ずしもユダヤ人を異邦人とは見なさなかったのに対して、ユダヤ人はその逆であった。だから、ユダヤ人はキリスト教徒相手に利息を取っての金貸しビジネスができたのである。

ついでに言えば、イスラム教の預言者ムハンマドの時代（六世紀から七世紀初頭）、非常に発達した国際商業都市であったメッカ（イスラム教の聖地）では、利子付き貸借も日常的慣行として行なわれていた。それは同時に「金《かね》が金《かね》を生む」「他人を犠牲にしても構わない」という拝金主義を招くこととなった。それに心を痛めたムハンマドは、宗教的理由から利子を取ることを禁じたのである。

だが、実はそこにはもう一つの理由があった。ユダヤ人対策である。当時、メディナ（イスラム教第二の聖地）においてユダヤ教徒は対抗勢力であった。すでに述べた通り、ユダヤ人は利子を取って金貸しをする。そのユダヤ人を攻撃する目的もあって、ムハンマドは利子を禁じたのである。

話をキリスト教に戻そう。中世キリスト教哲学と言えば、スコラ哲学だ。読者の皆様も、「昔、世界史の授業で習ったなあ」とその名を懐かしく思い出されたのではなかろうか。そのスコラ哲学の頂点に立つ、トマス・アクィナスのお金に関する言葉を引こう。アクィナスは「金銭は金銭を生まず」「金銭は石女《うまずめ》である」と言い切っている。金銭が利子という子を生むなどということはないと言っているのだ。アクィナスの解釈によれば、貨幣は元々交換を目的に発明されたものである。したがって、貨幣本来の用途は交換のために消費支出されることであるはずだ。それにも関わらず、貨幣を貸してその代価として貨幣を受け取ることは、それ自体が不正だというのである。

現代の私たちの感覚からするとちょっとついて行けない感じがするが、実物経済が中心でまだ貨幣経済がそれほど浸透しておらず、貨幣は単なる交換手段に過ぎないという認識の時代であったということだろう。そういう時代に単なる交換手段で儲けるなどというのは、忌むべき貪欲と看做されていたのである。

『ヴェニスの商人』に見る金融業の歴史

さて、ここでユダヤ人について少し説明しておこう。ユダヤ人とは、ユダヤ教を信仰する人たちのことだ。元々は紀元前から今のパレスチナ地方に住んでいたが、西暦七〇年、ローマ帝国によってユダヤ王国は滅ぼされる。その後、世界各地に離散したユダヤ人は、当初はワイン取引や運送業など様々な商売を営んでいたが、その後もっぱら金融業に勤しむようになる。

これは、「そうせざるを得なかった」という側面が強い。中世ヨーロッパのキリスト教世界において、土地所有は認められず、ギルドからも排斥されていたからだ。必然的に、キリスト教徒には禁じられている金融業、高利貸業などに進出せざるを得なかったのだ。これが、今に至るユダヤ資本の起点である。

さて、中世ヨーロッパ社会は一二世紀から一三世紀にかけて、大きな経済発展を遂げる。ヨーロッパの農村では技術革新が進展し、収穫量が増大。人口も急速に増えた。農村から溢れ出た人々は都市に流れ込み、ヨーロッパには大商業圏が形成された。当然、貨幣経済も広がって行く。そうなってくると、キリスト教社会での貨幣に対する解釈も変わって行く。高金利は断罪されたものの、適当な金利での貸付けは認められる方向に転じて行った。

こうしてキリスト教徒による金貸しが増加して行くと、何が起こったか——さらなるユダヤ人迫害である。

一二一五年～一六年に行なわれた第四回ラテラン会議（ローマで行なわれたカトリック教会代表による公会議）においては、「重くて過当な」高利を断罪したが、その矛先はもっぱらユダヤ人高利貸しに向けられた。ユダヤ人がキリスト教徒よりも高利で貸していたかどうかということよりも、ユダヤ人金貸しをターゲットとして弾圧するところにその目的があったものと考えられる。

一四七九年には、ニュルンベルク市がユダヤ人の金融業を禁止。さらに一四九八年には、神聖ローマ帝国の皇帝・マクシミリアン一世の許可を得て、すべてのユダヤ人を市から追放したのであった。

イギリスでもユダヤ人は迫害された。イギリスでユダヤ人が追放されたのは、ニュルンベルクよりも二〇〇年以上前の一二九〇年、エドワード一世の治世においてである。

そして、かのシェイクスピアの『ヴェニスの商人』が出版されたのは一六〇〇年。私たちの多くは「ユダヤの金貸し」というと、ここに描かれた残忍で狡猾なシャイロックを思い浮かべるのではないだろうか。この『ヴェニスの商人』での商人・アントーニオの台詞は、なかなか興味深い（なお、『ヴェニスの商人』の「商人」とはこのアントーニオのことであって、シャイロックではない）。

アントーニオはシャイロックに借金を申し出た時、こう言うのだ。「石女《うまずめ》の金《かね》を貸して、それで子供を産ませたって、そんな例《ためし》でもあるのか？」――これは先に見た中世のキリスト教神学者、トマス・アクィナスの言葉と瓜二つである。

『ヴェニスの商人』の顛末は、法廷でシャイロックは有罪となり、財産の半分はアントーニオのもの、後の半分は国庫没収という判決を受ける。しかし、シャイロックの罪はアントーニオの慈悲によって赦される。ただし、条件が付けられた。その条件とは、「直ちにキリスト教に改宗すること」――これは今、冷静に読めばひどい偏見に満ち満ちた話である。現代の視点で言えば、国家が財産を没収⁉　罪を免れるためにはキリスト教に改宗⁉　もう、財産権どころか信教の自由も認めないというのだから、まったくあり得ない話だ。

私たちはナチスドイツのユダヤ人迫害を絶対悪として認識しているが、実はその根は歴史的にかくも深いのだ。

「為替手形」「複式簿記」を生み出したイタリア商人

この物語、その背景を探るとまたおもしろいことが見えてくる。実は銀行のことを英語で「バンク（BANK）」というが、これは一二世紀頃、商業のさかんだった北イタリアの両替商が使っていた「取引台・記帳台（BANCO）」が語源だと言われている。そう、貨幣経済の新たな担い手となる銀行業の担い手として登場したのは、イタリア商人だったのだ。

一一世紀末にはじまる十字軍遠征により東方貿易（レヴァント貿易）が活発になると、十字軍の出港地となったヴェネツィアとジェノヴァという北イタリアの港湾都市に多くの東方からの物資が集まり、その地の商人が大いに活躍するようになった。彼らは十字軍に財政的支援を行なった見返りに、十字軍支配下に組み込まれた地中海東部全域における特権を獲得した。この遠隔地間の交易のために発明されたのが「為替手形」であった。一三世紀のヴェネツィアでは、「バンコ・ディ・スクリッタ」という銀行、直訳すると「書く銀行」、つまり帳簿上の決済を行なう振替銀行が誕生し、預金業務も行なっていた。

帳簿に書くという意味では、この頃ヴェネツィアで人類史に残る発明がなされる。「複式簿記」である。複式簿記は、地中海貿易で繁栄したイタリアの商業都市で、商業と銀行業の記録・計算の道具として実務のうちから誕生・発達し、一五世紀に体系的組織を確立したと言われている。これは「ヴェネツィア式簿記法」と呼ばれ、一四九四年にイタリアの商人出身の数学者ルカ・パチョーリによって書かれた「スムマ」と呼ばれる本の中で解説され、その後各国語に翻訳されヨーロッパ諸国に広まって行った。

こうした流れが、フィレンツェの名家にして銀行業で名を成したメディチ家につながって行く。メディチ家は一四世紀に東方貿易と金融業で財をなして台頭。一五世紀から一七世紀に全盛期を迎える。メディチ銀行は、金融技術の面では一七世紀末までもっとも進んだ金融機関であったし、はっきりとこれを超えるものが現れるのはようやく一九世紀に入ってからであったとまで評されている。

金融技術や通信の面で時代に先駆けていたばかりではない。メディチ銀行の建物は荘重な様式で設計されていた。銀行業には圧倒的な信用が必要だ。だから、銀行の建物には宮殿と言ってもよいほどの雰囲気が必要であるという考え方を採っていたのである。これはまさに、近代銀行に先駆する考え方であった。

ちなみに、一四二七年のメディチ銀行の貸借対照表が残されているが、それ

銀行は北イタリアで発達した

を見ると、資産に占める現金の比率は五・一％で、やはり儲けを生まない資産は最低限しか保有していない。それに対して貸付金の比率は六二・六％であり、これまた今日の銀行とほとんど変わらない。

さて、話を『ヴェニスの商人』に戻すと、この作品が出版されたのは一六〇〇年。メディチ家の最盛期である。ヴェニスはヴェネツィアの英語名だ。つまりこの物語は、従来、金融業を一手に引き受けてきたユダヤ人をイタリア人（キリスト教徒）が駆逐したという時代背景がストレートに反映されているのだ。

国際金融を支配したユダヤ人・ロスチャイルド家

このように、ユダヤ人はひどい差別を受けたばかりか、理由なく財産を没収されることもしばしばであった。そういう中をユダヤ人は生きて行かなくてはならなかった。よく「ユダヤ人は頭が良い」と言われるが、それはこうした逆境を乗り越えるためには知恵を働かす他なかったからであろう。

彼らは財産略奪に対する防衛策として、無記名形式の証券（銀行券）を発行・流通させる銀行業を考案し、欧州各地に展開して行った。名前が書かれていないので誰の財産かがはっきりせず、没収を逃れられたのである。このスキームが非常に合理的で利便性も高いことから、欧州の国々も銀行を設立して銀行券を発行するようになった。それが、現在の中央銀行や紙幣のルーツだとも言われる。

こうして、しぶとく金融の世界で生き残って行ったユダヤ人であるが、一八世紀に入って伝説の人物が生まれる。マイアー・アムシェル・ロートシルト。ロートシルトはドイツ語読みで、英語読みするとロスチャイルド。そう、ロスチャイルド家の礎を築いた人物である。

ロスチャイルド家は、一七六〇年代、古銭商としてドイツ地方の王侯貴族に知己を得たマイヤー・アムシェルが、両替から手形割引、対外借款などへと事業を広げたことにはじまる。そして、その後を継ぎ、金融界における不動の地位を確固たるものにしたのは、ロンドン・フランクフルト・パリ・ウィーン・

ナポリに配された五人の息子たちであった。この息子たちによって、ロスチャイルド家は当時としては画期的な国境を越えた五極体制で金融活動を展開した。

その五人の中でも、一七九八年にイギリスに移住した三男のネイサン・マイヤーの存在はひと際大きかった。当時ロンドンのシティは、国際金融市場として急速に成長していたからだ。一七七三年にロンドン証券取引所が誕生し、一九世紀初頭にはシティは世界一の国際金融市場となった。このロンドンの金融街シティは、ネイサンの力を見せつけるに打って付けの場所であった。

ネイサンの有名な伝説がある。一八一五年六月一八日のワーテルローの戦いでのことだ。ナポレオン率いるフランス軍とウェリントン将軍率いるイギリス・オランダ・プロイセン連合軍のヨーロッパの覇権を賭けたこの戦いで、当時イギリスは国債を発行して戦費を調達していた。イギリスが負ければ、当然イギリスの国債は大暴落する。まだ無線電信も電話もない時代、ロスチャイルド家はヨーロッパ各地に拠点を設けていたから、投資家たちは情報通のロスチャイルド家、ネイサンの動きに注目していた。

すると、ネイサンが猛然と英国債を売りはじめた。それを見た投資家達はイギリスが負けたのだと思い込み、英国債を我先にと売りはじめ、英国債は大暴落した。そこでネイサンは、タダ同然になっていた債券を買いまくり、市場に存在する債券の六二％までも手にした。そして翌日、ナポレオンの敗北が一般に知らされ、債券価格は一気に暴騰した。

これにより、ネイサンは当時としては天文学的な金額である約一〇〇万ポンドの利益を得、この日の儲けだけで財産が二五〇〇倍に殖えたと言われている。ヨーロッパには「連合軍はワーテルローの戦いに勝ったが、実際に勝ったのはロスチャイルドだった」という言葉があるそうだ。これを契機として、ロスチャイルド家は世界の金融界に君臨して行くのである。

「唯一生き残ることができるのは、変化できる者である」

ここまで、古代からロスチャイルド家まで、銀行・金融の歴史を見てきた。

これでわかることは、金融というビジネスも必要性によって生まれ、時代の求めに応じて次々と新たなものを生み出し、変化してきたということだ。

　元々は土地を持たないユダヤ人がやむを得ずに生業とした仕事であった。その頃は単なる金貸しだったと言えよう。その後、東方貿易が活発になり、イタリア商人が銀行業を営むようになると、為替手形や複式簿記が発明された。顧客の信頼を高める銀行の建物も作られるようになった。ロスチャイルドの時代になると、国際金融市場が作られ、金融の世界は巨大化しスピードと情報で勝負する時代となった。

　では、これから金融の世界はどう変わって行くのだろうか？

　二〇一九年四月に入ってから、日本経済新聞が新たな連載をはじめた。テーマは「Disruption 断絶を超えて」。先端技術から生まれた新サービスが既存の枠組みを壊すディスラプション（創造的破壊）。従来の延長線上ではなく、不連続な変化が起きつつある現場を取材し、経済や社会、暮らしにおよぼす影響を探ろうという企画だ。その第一部は「ブロックチェーンが変える未来」。

ブロックチェーンというと、読者の多くは仮想通貨（今、正式には「暗号資産」という）を思い浮かべるのではないだろうか。しかし実は、ブロックチェーン技術の主戦場は決済分野であると言われている。

日経による連載の四回目のタイトルは、「家政婦が見た国際送金革命」。ドラマのタイトルのパクリのようだが、決してそればかりではなく、実態のある話だ。家政婦とは香港で働くフィリピン人家政婦。彼女たちは働いて稼いだお金を本国に送金するのだが、従来の国際送金サービスだと海外送金手数料が一回一五香港ドル（二一〇円）かかる。ところが、スマホ決済「アリペイ」を提供するアリババ傘下の金融会社、アント・フィナンシャルが二〇一八年六月にはじめたブロックチェーン送金サービスを使うと、手数料は無料だ。

私たち日本人にとって、銀行口座を持つのは当たり前中の当たり前だが、新興国においては決してそうではない。北京大学データ金融研究センターの調査によれば、約六億人の人口を抱える東南アジアで銀行口座を持たない人の比率は六割にもおよぶ。世界銀行は、グローバルに見れば一七億人いると試算している。彼らは銀行にとって魅力ある顧客ではなかったし、彼ら自身も金融取引の世界とは無縁であった。しかし今、彼ら彼女らは手数料なしで海外送金ができる。銀行を必要としないのだ。ブロックチェーン技術は、金融取引は銀行口座開設からはじまるという従来の常識を、崩壊させてしまったのである。

従来の延長線上ではない劇的な変化の時代に、銀行業はどう対応して行くのだろうか。私の会社の社是にしている言葉がある。ダーウィンの言葉だ。「もっとも強い者が生き残るのではなく、もっとも賢い者が生き延びるのでもない。唯一生き残ることができるのは、変化できる者である」。

もし、従来の延長線での〝改善〟しか考えていない銀行があれば、その銀行は間違いなく生き残れないであろう。そして、これも間違いなく、そういう銀行は確実に存在する。だから私は断言する。「これからは、銀行が潰れる時代になる」と。

第四章

アメリカの一九三〇年代大恐慌では、全銀行が閉鎖された

不況の唯一の原因は、好況である。

（J・ジュグラー：ジュグラーサイクルの提唱者）

日経平均株価が二〇〇〇〇円台に⁉

きっかけは、二〇一二年の冬からはじまったいわゆる「アベノミクス」相場であった。一九九〇年代のバブル崩壊後、長期で下落トレンドを形成し低迷していた日経平均株価が、ようやく上昇トレンドに転換した。

その二〇一二年の年末の終値では、日経平均株価は一万円台を回復した。そして、その後も株価は比較的堅調に推移し、二〇一八年九月二八日に一九九一年以来となる二万四一二〇・〇四円の高値を付けた。バブル後に付けた最安値が二〇〇九年三月一〇日の七〇五四・九八円だから、そこから比べて株価は三・四倍になったわけである。二〇一八～二〇一九年の年末・年始で一時的に二万円台を割ることがあったが、今（二〇一九年四月末時点）も二万円の大台をキープしたまま推移している。

さてここで、これまで堅調に推移してきた日経平均株価だが、それが暴落するとしてみよう。その時、どれくらいまで落ちることを想定すればよいのか。今のような穏やかな動きだと、それほどきつい暴落は想定しにくいかもしれないが、ここはぜひ厳しく見積もっていただきたい。

マイナス三〇〇〇円だろうか、それとも五〇〇〇円だろうか。大暴落として記憶にまだ新しい二〇〇八年のケースを見ると、先ほどの安値である七〇五四・九八円になるまで手前の高値から株価は約半分になった。それを当てはめると、今の二万～二万二〇〇〇円が半分になるわけだから、日経平均株価が一万～一万一〇〇〇円という世界になる。信じられないような水準だが、世界規模で連鎖的な危機が起きると、このくらいまでの暴落を想定する必要がある。

そして、歴史を紐解くと、この想定でもまだ見積もりが甘いことがわかる。過去には、株式指数が約一〇分の一にもなった事件があるのだ。それが、この章のテーマである世界大恐慌時のアメリカである。

一九二九年からはじまった世界大恐慌によって、ニューヨークダウは三八一ドルからその約三年後に四一ドルまで下げている。実に八九％の大暴落で、株式指数が本当に一〇分の一になったのだ。

ちなみにバブル崩壊の語源となった「南海泡沫事件」も株価が一時的に吹き上がった後、一〇分の一以下にまで落ちている。一七一九年の発行当初一〇〇ポンド超だった南海会社の株価は、その後急騰、わずか半年で一〇五〇ポンドまでになった。ただ、その一〇五〇ポンドを付けた一七二〇年六月二四日をピークに今度は暴落、半年かけて株価は一〇〇ポンド以下にまでなったのだ。

個別株は株式指数よりも値動きが大きいが、いずれにしても株の世界では極めて深刻な危機が発生した時には価格が本当に一〇分の一になったりするのだ。今の日経平均株価の水準で考えると、日経平均株価が二〇〇〇〜二二〇〇円になるわけで、いかにとんでもないことが起きたかがわかるだろう。

このような、異常なまでの株の暴落を起こした世界大恐慌について、この章では取り上げる。その背景に何があったのか、その後ニューヨークダウがどのように一〇分の一まで下がったのか、その時アメリカで何が起きていたのかなどを詳しく見て行こう。

すべては「暗黒の木曜日」からはじまった

世界大恐慌についての解説がされる際、必ず登場するのは一九二九年一〇月二四日の木曜日、いわゆる「暗黒の木曜日」（ブラックサーズデー）である。別名「ウォール街大暴落の日」とも呼ばれるこの「暗黒の木曜日」という言葉が非常に有名であるため、この日にさぞひどい暴落を記録したに違いないとお考えの方も多いかもしれないが、事実は少し異なる。

確かに「暗黒の木曜日」は、その名に恥じぬ暴落を見せた。ニューヨークダウは三〇六ドルから二七二ドルまでと、一時的に一一％を超える下げを記録した。しかし、その日の引け値にかけて株は上昇に転じ、終値は二九九ドルまで回復している。単純に下げ幅は二・三％ほどで、それほど深刻なものではない。

では、なぜこれほどまでに「暗黒の木曜日」が後世に伝わっているのか。それは、アメリカ経済の凋落、また世界を巻き込んだ大恐慌時代がまさにこの日

NYダウチャート 1929年〜1933年

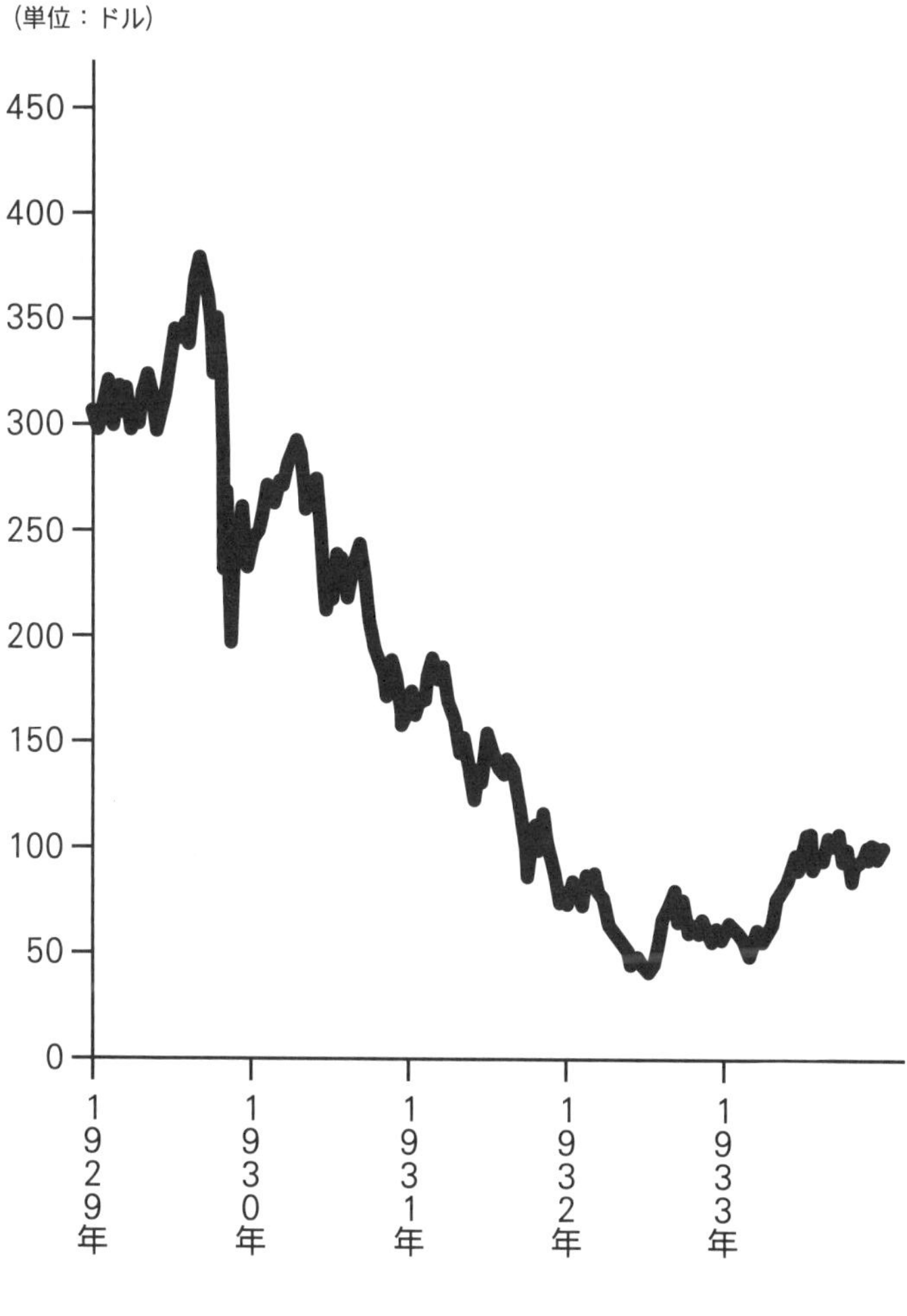

を境にはじまったからである。実は、株価の下落率だけで見ると、次の週初めの方が大きい。一〇月二八日の月曜日と二九日の火曜日である。それぞれ前日比で二桁以上のマイナスを出し、一時的には二〇％に迫る下落幅をそれぞれ見せている。特に二九日火曜日の暴落は、アメリカ経済にトドメを刺した格好となり、後に「暗黒の木曜日」にならい「悲劇の火曜日」と呼ばれるようになった。また、より凄惨で直接的な表現「アメリカが死んだ日」とも呼ばれている。

その後の株価の動きを見ると、一旦下げ止まったのは半月後であった。一九二九年一一月一三日の終値一九九ドルと二〇〇ドル割れを記録してから、大きな反発が見られる。その間約五ヵ月、一九三〇年四月中旬には三〇〇ドルぎりぎりまで回復を見せた。しかし、三〇〇ドルの線を超えることはなく、そこでニューヨークダウは完全に長期下落トレンドに入った。

そのトレンドは、年が明けて一九三一年に入っても止まらず、完全に底を打ったのは、「暗黒の木曜日」から二年八ヵ月が経過した一九三二年七月八日のことだ。その終値は、四一ドルにまでなっていた。ニューヨークダウが大暴落を起こす前のピークは一九二九年九月三日で、その時の終値は三八一ドルだったから約一〇分一になったわけである。そして、再びその高値を更新したのはそれからなんと二五年以上も後のことで、一九五四年一一月二三日のことであった。これほど長い経済の停滞を経験したわけで、「アメリカが死んだ日」と仰々しい名前が付けられたことにも納得できる。

ニューヨークダウは、一九二九年一一月一三日に底を付けてから一九三〇年四月までに一旦大きく反発し、その後に一貫して下げはじめた。この一旦反発した動きから、世界大恐慌は「暗黒の木曜日」からはじまったわけではなく、ウォール街大暴落と世界大恐慌は別々に考えた方が良いという論調も存在する。

しかし、どう考えても「暗黒の木曜日」がすべての引き金であり、一九二九～一九三三年の期間が世界大恐慌であったことは明らかであろう。相場において大きく落ちた次は、ある程度の反発を見せることがよくある。この状況は「デッド・キャット・バウンス」とウォール街の格言にもなっているぐらいである。意味は、「死んでいる猫でも高いところから落とせば少しは跳ねる」というものだ。それでも猫は死んでいるわけだから、その後に飛び跳ねることはない。一九三〇年四月中旬までに見られた反発は、まさに「デット・キャット・バウンス」で、その後ニューヨークダウは飛び跳ねることなく、地中深く埋葬されることになった。

歴史から学ぶ賢者となれ

世界大恐慌において、金融の世界では何が起きていたのか。詳細な説明は徐々にして行くが、大きな出来事の一つとしてこの章のタイトルにもある通り、世界大恐慌の終盤にはアメリカの全銀行が閉鎖されている。

その国のすべての銀行が封鎖されるというのは、よほどの異常事態である。通常、そのようなことは起こり得ない。戦後の日本で全銀行の封鎖、いわゆる預金封鎖を行なったが、それは第二次世界大戦後一面が焼け野原になり、強制的にゼロからの復興を強いられたことに起因する。

逆に捉えると、これほどのことがなければ全銀行の封鎖までに至らないわけで、よほどの異常事態と言える。幸か不幸か、私自身は大人気映画「ＡＬＷＡＹＳ　三丁目の夕日」に出てきたような高度経済成長に乗りはじめた時代を幼少期に過ごしたわけで、全銀行閉鎖あるいは預金封鎖は経験していない。

「愚者は経験に学び、賢者は歴史に学ぶ」という言葉がある。ドイツ統一の立役者で、鉄血宰相と名高いビスマルクの言葉だ。まさにこの言葉通りで、人間一人が一生のうちで経験できることはたかが知れている。だから、歴史という過去から今に至るまでの人の経験の集合体を学ぶことで、あらゆる知識を吸収する必要があるのだ。それができる人だけが〝賢者〟になることができる。

このアメリカで起きたウォール街の暴落、そこからはじまった大恐慌の一連の流れ、そしてその時に実際何が起きたのかを知ることは、今後の不測の事態に対応する上で非常に役立つ重要な情報である。それらの歴史を知り、賢者として万全の備えをして欲しい。

ただし、その歴史を知る上で、一つ気を付けなければいけない点がある。それはその時代の背景をあらかじめ知った上で、あらゆる知識を吸収する必要があることだ。

私が情報がいかに大切かをお伝えする時、前述のロスチャイルド家の話をよくする。〝ワーテルローの戦い〟でイギリス軍が勝利したという情報を、伝書鳩などを駆使していの一番に得たロスチャイルド家は、まず英国債を叩き売った。ここが、ロスチャイルドの凄みである。他の投資家が誤解して英国債を散々叩き売った後、ロスチャイルドは今度は英国債を大量購入し、巨万の富を得ることに成功したわけだ。これは、正確な情報をいち早く掴むことがいかに重要かということを表す模範的な史話である。

ただ、この方法は現代には通用しない。現代は伝書鳩で情報を伝える時代ではない。情報伝達のスピードは昔と比べるべくもなく、ネットなどからすべての投資家がほぼ同時に情報を得てしまうだろう。この部分は、先ほどの史話で得た教訓を修正する必要がある。一方で、フェイクニュースが巷で話題になっている通り、情報操作を行なうためのウソの情報はいまだに存在する。この部分は今も昔も変わらないわけだ。歴史に学ぶ時はその時代背景を知った上で、何がこれからの時代にも活用できるのかを十分に吟味して行く必要がある。

株価伝達は〝ティッカーテープ〟

一九二〇年代また三〇年代のアメリカは、インターネットなどのような現代の高速通信網やそれを可能にするコンピュータは存在しない。ＦＡＸもなければ携帯電話もない。もちろん、一八〇〇年代初期のように伝書鳩で情報のやり取りをするほど古めかしくはない。電話はあるにはあったが、まだ交換手が活躍する時代である。イギリスの放送協会である「ＢＢＣ」がテレビ実験の放送を開始したのが一九二九年だから、テレビも一般的ではなかった。

一部のラジオ放送はかろうじてはじまっていたので、これが国民がリアルタイムで情報を得る唯一の方法であった。それともう一つ、「新聞」が今よりも重要な最新情報を運ぶメディアの位置づけにあった時代だ。

株の取引は、このような環境で行なわれていた。今でこそインターネットの発達により、自宅や会社の昼食時間などの手軽な時間で取引が可能であるが、この頃はまったくそうではない。投資家は他の仕事の片手間で行なうことは困難で、専業で行なう人が多く敷居は高かった。また、相場の最新情報を得るために投資家は取引所に集まった。だから、パニックが起きると人々は取引所に情報を求めて群がったのである。「暗黒の木曜日」にウォール街に人が溢れかえったのも無理はない。誰しもが正しい情報を求めて取引所に詰めかけたのだ。

さて、今のようなコンピュータもない状態において、ウォール街のニューヨーク証券取引所をはじめとした取引所はどのように株価の情報をやり取りしていたのか。ここで登場するのが、〝ティッカーマシン〟である。

ティッカーマシンは、電信で受け取った情報を、ティッカーテープと呼ばれる長い紙テープに企業名と株価を高速で印字する機械だ。その打ち出される音にちなんで〝ティッカー〟と呼ばれるようになった。ティッカーテープに印字される企業名は、アルファベットの略語で表示されたが、これが現在のアメリ

1929年10月24日のウォール街の様子。情報を求め、多くの人が集まった。　　　　　　　　（写真提供：Ullstein bild/ アフロ）

カの株式市場でも使われている〝ティッカーシンボル〟である。

実は、このティッカーマシンは、一八六九年に当時二二歳であったトーマス・エジソンが発明し、彼はこの発明の特許を売却して手に入れた大金を元手に会社を起こし、発明王の道へ進んで行った。エジソンが亡くなったのは一九三一年一〇月一八日（八四歳）で、彼は晩年に世界大恐慌を経験している。

少しエジソンの余談を続けると、彼は一八七八年に彼の発明の代名詞でもあるエジソン電気照明会社を設立した。その設立に出資を行なったのが、金融界の巨人ジョン・ピアポント・モルガン、ＪＰモルガンと言った方がわかりやすいだろう。モルガン一族は、ＪＰモルガンの父の代から巨額の富を築き、ウォール街を牛耳り、アメリカの金融界に君臨し続けている。

エジソン電気照明会社は、後にエジソン・ゼネラルエレクトリック社となる。その後、エジソンは社長を解任させられ、社名はゼネラルエレクトリック社へ変更され今に至る。お気付きだろう、ニューヨークダウが最初に算出された一八九六年から二〇一八年に外れるまで約一一〇年、採用銘柄として組み込まれていたアメリカを代表する企業である。

稀代の相場師、怪人リバモアと大恐慌

一九〇〇年代初期の頃、取引所は大口のプロしか相手にしなかった。では、取引所に参加する資格を持たない小口投資家たちは、どうしたのかと言えば、「合百《ごうひゃく》」や「バケットショップ」において取引を行なった。合百やバケットショップとは場外取引所のことで、市場で成立する相場を予想して行なう賭博行為、つまり「ノミ屋」である。

アンダーグラウンドなビジネスであるが、この頃はマフィアがはびこっていた時代だから、そのような場所が至るところにあった。

このノミ屋を渡り歩き、次々に出入り禁止のレッテルを貼られた男がいる。稀代の相場師、ジェシー・リバモアである。リバモアの投資スタイルは、空売りで知られている。空売りとは下落しそうな相場に対して、〝売り〟からスター

トさせる取引だ。思った通り相場が下がればそこで買い戻しを行ない、プラスを出す。思った方向とは逆に相場が上昇すると、売った時よりも高い価格で買い戻しを強いられるため損失を出す。この取引は信用取引の一種で、手元の資金以上の相場を行なうことができる。

リバモアは一八九二年、彼が一五歳の時に合百で投資家の一歩を踏み出した。空売りを主体とした取引で荒稼ぎした後、巨大なマーケットであるニューヨーク証券取引所に挑んだが、あえなく撃沈。二〇歳にして一度目の破産を経験した。一八九七年のことである。この頃すでにリバモアは、一部の合百からあまりに荒稼ぎするために出入り禁止のレッテルが貼られていた。だが、リバモアは場所を変えながら、それから四、五年のうちに今度は五万ドルの資産を作る。

リバモアの名を本格的に世に知らしめたのは一九〇七年のことだ。リバモアは、それまでに二度目の破産を経験している。それでも投機を続ける彼は、根っからの相場師である。一九〇七年一〇月にアメリカは恐慌の状態であった。特に危機的な状況に陥ったのは「暗黒の木曜日」と同日の一〇月二四日、この時も実は木曜日であった。不思議な歴史の繋がりと言ってよい。

この日、金融機関の資金供給の欠乏により株価が暴落、ニューヨーク証券取引所が閉鎖寸前まで陥ったのである。一九〇六年春に一〇〇ドルを超えていたニューヨークダウは、一九〇七年一一月一五日に五三ドルと約半値になっていた。リバモアは、一九〇六年から株の売りポジションを張っていたが、一九〇七年一〇月二四日からの二日間でしこたま稼いだこともあり、資産を三〇〇万ドルまでに膨らませた。

その金融危機の最中、瀬戸際に立たされたニューヨーク証券取引所の会長から救援を頼まれ、方々を走り回っていた人がいる。金融界のドン、ＪＰモルガンだ。ＪＰモルガンは、このリバモアのもとを訪れ、アメリカへの愛国精神のために空売りを自制することを求めた。リバモアはこれを承諾、買い戻しに転じたことで株式市場は救われた。もし、リバモアが買い戻しをせずに売りを積み増していたら、ニューヨーク市場は本当に崩壊したと言われている。

この一件でリバモアは、アメリカ全土に名を知らしめ莫大な利益を得たわけだが、これで満足することなく攻撃的なスタイルのまま投資を継続している。

一九〇八年商品相場での失敗が大きく影響し、一九一五年に三度目の破産を迎えたリバモアは、一九一七年の株価下落によって三度目の復活を遂げた。

そして、いよいよ一九二九年の「暗黒の木曜日」を迎える。もちろんリバモアにとっては狂喜する相場の到来で、この一連の暴落により一億ドル以上の利益を出したという。

一九二九年頃、年間六〇〇〇ドルの収入があれば、人口の上位五％に入った。また一九二八年には一〇〇万ドルを超す収入で高額所得者五一三人のうちの一人に入った例がある。それを踏まえて過去の物価も考慮すると、少なく見積もって当時のドルは今の円換算で二〇〇〇〜二五〇〇倍の価値だったと考えられる。つまりリバモアは、一九二九年の一連のニューヨークダウの暴落で、現代においての二〇〇〇億円以上を稼いだ計算になる。

なお、一九〇〇年代初期は一九二九年よりさらに物価が安いわけで、先ほど出てきた五万ドルや三〇〇万ドルという数字には今の円換算で三〇〇〇〜四〇〇〇倍で計算しておけばよいだろう。

リバモアの投資スタイルはやや強引なところがあった。特に人生の後半においては、単に下がりそうな株の空売りを行なうのではなく、大量の空売りを行なうことで相場を売り崩し、散々株価を安くした後に買い戻すという株価操縦も行なっていた。今では完全に違法な取引であるが、当時はそれが可能だったのだ。彼は、一九二九年に大成功を収め莫大な富を築いたわけだが、その投資スタイルをやめようとはしなかった。

リバモアの晩年は惨めなものであった。一九二九年に巨額の資産を得たにも関わらずその後の投資に失敗し、一九三四年なんと四度目の破産をした。そして、これが最後の破産となり、何度も再生をしてきたリバモアもこれ以上は立ち直ることができなかった。「ウォール街のグレートベア」（ベアは熊で、その覆いかぶさる姿から下落相場やそれに賭けることを意味する）の異名を持つジェシー・リバモアは、一九四〇年失意の中で拳銃の引き金を引き、自ら命を絶った。リバモア六三歳、最後の言葉は「私の人生は失敗だった」であった。

おごれるものは久しからず

リバモアほど極端な相場師は珍しいが、浮かれ過ぎると思わぬ落とし穴に落ちるものである。それはどんなことにも当てはまる、言わばこの世の真理のようなものであるが、相場の世界は特にその傾向が強い。また景気の波も①好況→②後退→③不況→④回復と循環を繰り返しているわけだが、ここでもあまりに上がり過ぎるとその後の下落は大きくなる。

一九二九年からはじまった大恐慌はアメリカから波及したわけだが、それが起きた一番の要因はそれまでのアメリカが好調過ぎたためだ。

先に説明をした通り、一九〇七年のアメリカは恐慌の状態であったが、その後第一次世界大戦を契機に、アメリカは好景気に沸くことになる。第一次世界大戦の主戦場は欧州で、ベルギーやフランス、オーストリア、イタリア、ドイツとヨーロッパ大陸のあらゆる場所で激戦が繰り広げられた。それによって欧州は壊滅的な打撃を受けて疲弊したが、遠くから参戦した形のアメリカは、ほぼ無傷であった。

戦争によってあらゆるものが灰燼と化したことにより、ものに対する大きな需要が生まれていた。しかし、それを製造する力は欧州にはなく、ものを生産することができたアメリカが好景気に沸くことになった。この構造は、一九五〇年に発生した朝鮮戦争とそれによる日本で起きた特需と同じである。

一九二〇年代のアメリカの好景気はすさまじく、「永遠の繁栄」と呼ばれたほどだ。そして金融の面から見ると、特に一九二四年からニューヨークダウはほぼ一直線で上昇している。一九二四年に一〇〇ドル近辺だった株価は、一九二九年九月三日のピークである三八一ドルまで、五年のうちに約四倍にもなっているのだ。

これほどニューヨークダウが急騰したわけは、一九二四年以降ある信仰がウォール街に蔓延していたためだ。それは〝株は上がり続ける〟である。「アメリカを買いまくれ」「合衆国を空売りするな」を合言葉にウォール街では手当たり次第に株が買われていた。そして、「どうせ上がるのなら」と誰しもが手元の資金を担保にレバレッジをかけて「信用取引」で株を買っていたのである。

レバレッジをかけた信用取引について少し解説を加えておこう。たとえば手元に一〇〇万円の資産があった時、それを担保に九〇〇万円の資金を借りて、一〇〇〇万円分の取引を行なうことである。これが信用取引だ。この時、手元にある一〇〇万円は「証拠金」と呼ばれ、一〇〇万円を元手に一〇〇〇万円の取引を行なっているのでレバレッジは一〇倍となる。

一〇〇〇万円を使って株を購入し、その株が思惑通り五％上昇すれば、一〇〇〇万円の五％だからプラス五〇万円が手元に入る。そこから借りている九〇〇万円の金利を支払った残金が、利益というわけだ。

逆に思惑が外れて五％下がれば、マイナス五〇万円、これと九〇〇万円を借りていることで支払われる金利と一緒に証拠金から引かれるのである。

計算を簡単にするために一旦金利を無視して考えると、証拠金に使った元手の資金一〇〇万円に対して、株が五％上昇した時はプラス五〇万円だからプラ

NYダウチャート　1924年〜1929年

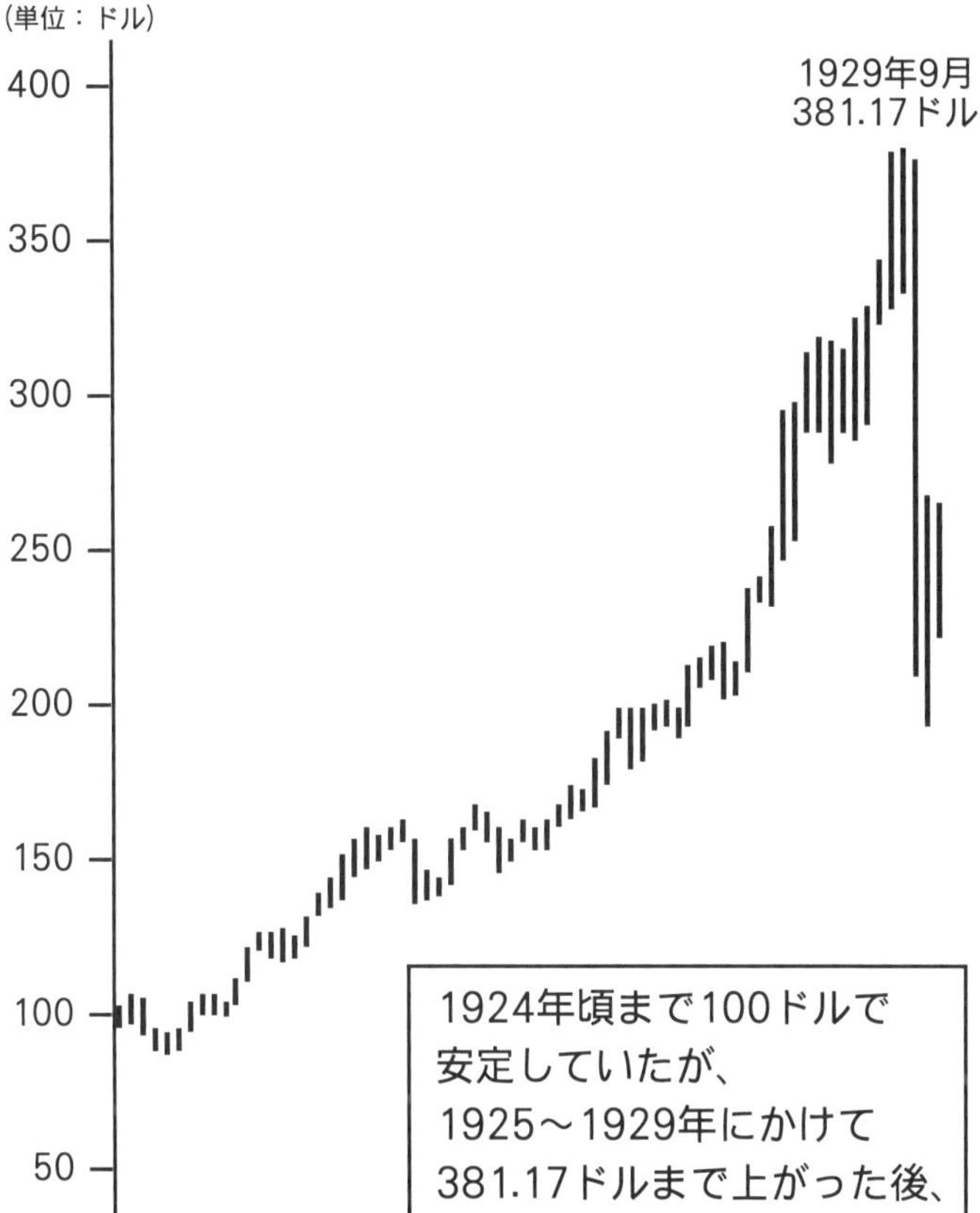

GOLD EAGLE Technical Staffのデータを基に作成

ス五〇％、逆に五％下がった時はマイナス五〇万円でマイナス五〇％となる。レバレッジを掛けることは、その倍率分だけ上にも下にも大きく動くことになり、投資効率を高めることになる。もし、二〇％上昇すればプラス二〇〇％、二〇％下落すればマイナス二〇〇％、この時、元本の一〇〇万円はなくなり、追加で一〇〇万円支払う必要が出る。「追証」（追加証拠金）というものである。

さて、使い方を間違えると投資額以上の損失を出すという危険なレバレッジをかけた信用取引であるが、合百が至るところにあり、半分賭博のように相場を張っていた時代である。しかも〝株は上がり続ける〟という根拠のない信仰がはびこっていたわけで、誰もがこの信用取引に手を出したのも無理はない。

そして実際、株はこの五年間あがり続けたわけで、信用買いを行なうことで利益がどんどん積みあがって行った。こうなると株をやらないやつは馬鹿だとばかりに、誰もが簡単にお金を手に入れようと株にさらなる資金が集まってきた。完全にバブルの状態であった。

株価が急騰をはじめた一九二四年、実は大恐慌の種は静かに芽生えはじめていた。戦後焦土と化したヨーロッパにおいて復興作業の一環として農産物の自給化を目指し、農産物の輸入に高い関税をかけるようになった。これによってアメリカでは農産物の供給過多が起きはじめ値段が下落、農産物不況が起きはじめたのである。この農業不況を皮切りに、過剰生産、供給過多はあらゆる箇所で見えはじめ、アメリカの実態経済は徐々に傷みはじめてきた。

ハーバート・フーバー大統領の任期は、一九二九年三月～一九三三年三月とちょうど大恐慌時代と時を同じにしている。すでに実態経済には不穏な空気が漂う中、しかし一般国民はまだ誰もその気配を察知していなかった。そして、新しく就任したフーバー大統領もその一人だった。

一九二九年三月四日に行なわれた大統領の就任演説は、後から見るとかなり滑稽に映る。「今日、我々アメリカ人は、どの国の歴史にも見られなかったほど、貧困に対する最終的勝利に近づいている（中略）この国から貧困が駆逐される日を見るのも近いだろう」。その後演説の結びの言葉では、「私は我々の国の将来になんの不安も持っていない。それは希望に輝いている」。その約八ヵ月後にニューヨーク証券取引所では大暴落が起き、世界を巻き込んだ大不況がはじまる。当然、貧困は駆逐されるどころか急拡大することになった。

神頼みする投資家と悪魔の電報

「暗黒の木曜日」と呼ばれた一九二九年一〇月二四日、午前中は売りが売りを呼び通信網がパンク寸前のところまでになった。ただ、午後になると組織的な買い支えが入り、一日の商いではそれまでで最高の一二八九万四六五〇株の出来高を記録した。引け近くに買い戻しが入ったことで、暴落は一時的なことで最悪期を脱したという見方が強かった。

次の週末、ウォール街にやってきた観光バスが「ここが前の木曜日に莫大なお金が消えた現場です」とのんきに紹介したぐらいだ。ただニューヨーク証券取引所の近く、歩いて一分ほどの場所にあるトリニティ教会の週末の礼拝は満員となり、皆が愛する人のことを祈ると同時に株が持ち直すことを祈った。

しかし、その祈りはまったく通じなかった。明けて月曜日、注文が多くなりティッカーテープが遅れはじめたことで、投資家は「木曜日」の再来を恐怖した。そこからは売りが売りを呼び、時間が経つにつれて売りが段々ひどくなった。出来高こそ「木曜日」を上回らなかったが、一日の下落率はマイナス一三・三％とはっきりと暴落の様相を示した。

そして、投資家心理は完全に冷え込んでいた。買い支えが入らなかったことや、すでに証拠金で買いをめいっぱい行なっていること、持ちこたえきれずに売りに出す投資家が現れはじめたこと、などが要因として挙げられる。

翌日二九日の火曜日、「アメリカが死んだ日」は、さらにひどい状況に追い込まれた。何でもよいから売りたいという成り行きの売りが殺到する中、ティッカーテープがまったく動かなかった。あまりに売りが殺到したことで、市場開始からしばらくの間ティッカーが完全にストップしていたのである。ニューヨーク証券取引所でいつも相場を映し出す巨大なスクリーンは空白のまま、しかし、時間差でそのスクリーンに寄り付き相場が映し出されたことで、すべての投資家がニューヨークで起きている異様な暴落を目の当たりにした。

そこからは阿鼻叫喚の世界である。売りが売りを呼び、怒号、罵声が飛び交った。午後になっても収まる気配はなく、三時の大引けのゴングが鳴ってもティッカーは動き続けていた。結局、ティッカーが止まったのがそこから二時間半後のことで、出来高は木曜日を超える一六三八万三七〇〇株、下落率マイナス一一・九％と、月曜日に続き二桁の下落を記録した。

二九日火曜日、トリニティ教会は宗派を超えて人が集まり、礼拝は超満員となり人々は神に祈った。ウォール街には、約一万人におよぶ人が溢れかえった。

この日混乱していたのは取引所だけではない。実は郵便配達人が大忙しだったのである。悪魔の電報を携えて矢継ぎ早に家々を回る姿が、アメリカの至るところで見られた。それは証拠金不足による資金回収のための電報であった。猫も杓子も株を、しかもレバレッジを掛けて買っていたわけで、その損失は膨大であった。二九日に一時的にニューヨークダウは二一二ドルになり、ピークの三八一ドルから見てマイナス四四％の大暴落、個別株ではもっとひどく傷んでいるものもある。すると、一〇倍レバレッジを掛けていると目も当てられない。投資額の四～五倍以上の追証を求められていても不思議はなかった。

実際、この日はニューヨーク証券取引所だけで約一〇〇億ドルの損失が生じた。今の価値で二〇兆円が、たった一つの取引所でわずか一日のうちに消えたわけである。

四人に一人が失業者

一九二九年、アメリカでこれほどのことが起きたことで、金融不安は欧州をはじめとして世界中に飛び火した。それにより世界中の景気が後退する中、アメリカは自国を優先する法律を施行する。一九三〇年六月一七日に成立した「スムート・ホーリー関税法」である。二万品目におよぶ輸入品に対して平均四〇%前後の高い関税をかけ、自国の特に農産物の保護に努めるというものだ。

しかし、これが完全に裏目に出た。アメリカの輸出入は半分以下に落ち込み、失業率もその年の冬、大幅にアップしている。

ここで失業率の推移を確認しておく。一九二九年のアメリカの人口は一億二〇〇〇万人である。その時の失業者は一五五万人、労働者人口全体の三・二%であった。それが三〇年には四三四万人となり、労働者人口の八・七%まで拡大した。その三〇年の冬、失業者は一気に増加し、三一年の失業者数は八〇二万人、労働人口の一五・九%までになった。そして、三二年は失業者数が一二〇〇万人、翌年三三年がピークで一二八三万人、労働者人口の二四・九%と、労働者の四人に一人が失業者という前代未聞の高さにまで達した。

この間、アメリカで行なわれた自国保護の動きは世界中で広まり、世界の貿易は七割以上減少し、失業者は世界で五〇〇〇万人に達した。その後、各国はさらに自国保護主義に走り、それがブロック経済、果ては第二次世界大戦に繋がって行く。

フーバー大統領は、まったく不運の人だったと言ってよい。就任した年からスタートした世界恐慌に対して、当初単なる景気循環であるとして対策を打つ

アメリカ大恐慌時の失業者数と失業率

1929年7月のアメリカの人口:
1億2177万人

	失業者数	失業率
1929年	155万人	3.2%
1930年	434万人	8.7%
1931年	802万人	15.9%
1932年	1200万人	24.0%
1933年	1283万人	24.9%

のが遅れた。まさかこれほどの大事になるとは想像していなかったからだ。もちろん誰も想定できなかったことだから、大統領の責にするのは少し気の毒な気がする。

そして、少し遅れて三〇年六月に行なった対策、スムート・ホーリー関税法は、今度は裏目に出た。フーバー大統領は大恐慌に対して有効な経済政策を打たなかったとして、国民から「無能」のレッテルを貼られてしまったのである。

しかも、フーバー大統領にとって屈辱的だったのは、失業率が高まり溢れかえったホームレスの人たちが建てた掘っ立て小屋が並ぶ街を「フーバービル」（フーバー村）と揶揄されたことである。この言葉を作ったのは対立政党の民主党サイドであるが、「フーバービル」の他に「フーバーブランケット」（ホームレスが体に掛けた古新聞を指す）などの言葉も国民に浸透していた。

アメリカ全銀行閉鎖。一年間で四〇〇〇行の銀行破産

最近、ＡＩやフィンテックなどで銀行が淘汰される時代と言われ、就職先としての人気も薄くなっている。ただ一昔前の銀行は、就職先として人気を博しており、常にランキングの上位に位置した。銀行に対する信頼性が高く、まず潰れないという安心感が大きな要因だろう。ところが、今回の一九二〇年代、三〇年代のアメリカの銀行は、それほど信頼性が高い存在ではなかった。

大恐慌発生後、確かに銀行の倒産件数は増えたが、実はその前から五〇〇～六〇〇件の銀行が毎年破産していた。アメリカが好景気に沸いた一九二〇年代の前半の件数を確認すると、一九二一年五〇五件、一九二二年三六六件、一九二三年六四六件、一九二四年七七五件、一九二五年六一八件と、かなりの数の銀行が毎年破産しているのだ。

なぜ、これほど多くの銀行が破産していたのか。これには二つの理由がある。

まず一つ目は、当時の銀行は証券と分離されていなかったことである。商業銀行、投資銀行の区別が今のように明確ではなかった。銀行本体や子会社の証券会社を通じて株取引を行なっており、いち投資家として市場に参加していたのである。そしてもう一つ、管理が杜撰だったため犯罪行為が可能であったことである。実際、株が好調だった一九二〇年代に、銀行員が銀行の資金を横領して株につぎ込んでいたという例がある。しかも単独犯ではなく、複数犯のチームで行なっていたというのだから驚きである。

株が上昇している時はその分を儲けとして、株が下がっている時は元に戻るまでじっと耐え忍ぶ。思い出して欲しい。〝アメリカ株は下がらない〃と信じられていた頃である。もちろん悪質な犯罪行為であるが、いつの時代も悪いことをする人はよく考えるものである。その銀行では一九二九年の暴落で不正が明るみに出て、一九二九年一〇月二九日の日中に突如窓口を閉鎖している。横領総額は三五〇万ドル、今の価値で七〇億円以上という。

世界大恐慌がスタートした一九二九年の銀行の倒産件数は、六五九行であったが、これはまだ普段の一年間の数と同程度であった。状況は極めて深刻だったものの、国民はフーバー大統領と同様にすぐに景気は戻ると考えていた節がある。しかし、その翌年三〇年、特に一一月、一二月にかなりの銀行が取り付け騒ぎにあう。破産件数は一三五〇行と跳ね上がり、四桁の大台に乗せた。

特筆すべきは、当時アメリカ最大の商業銀行「合衆国銀行」（バンク・オブ・ユナイテッドステーツ）が三〇年一二月一〇日に大規模な取り付け騒ぎにあっていることだ。ニューヨークのヤンキー・スタジアムの近くにあったサザン・ブールバード支店には二万～三万の群衆が詰めかけ、警察が事態の収拾にあたっている。そのうち約三〇〇〇人は好運にも預金を引き出すことができたが、残りの預金者は引き出すことができなかった。そして翌日混乱を恐れた銀行は、窓口を閉鎖したのである。

三一年になると、金融恐慌はもはやアメリカだけの問題ではなく世界全体を覆っていた。五月一一日、オーストリア最大の銀行である「クレディト・アンシュタルト銀行」が破産したことで、欧州は深刻な金融恐慌に陥った。甚大な

銀行倒産件数　1930年〜1933年

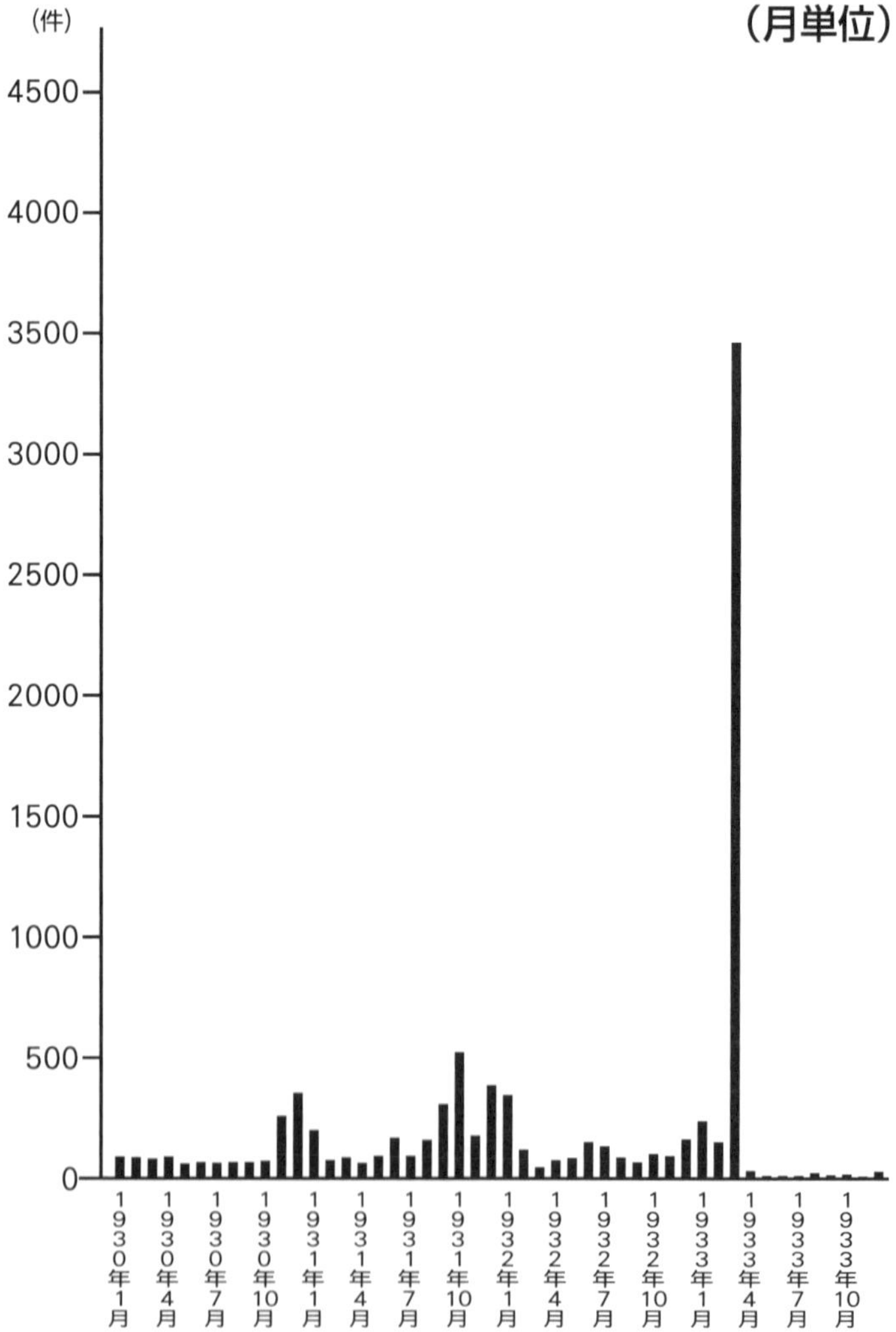

銀行倒産件数　1921年～1933年

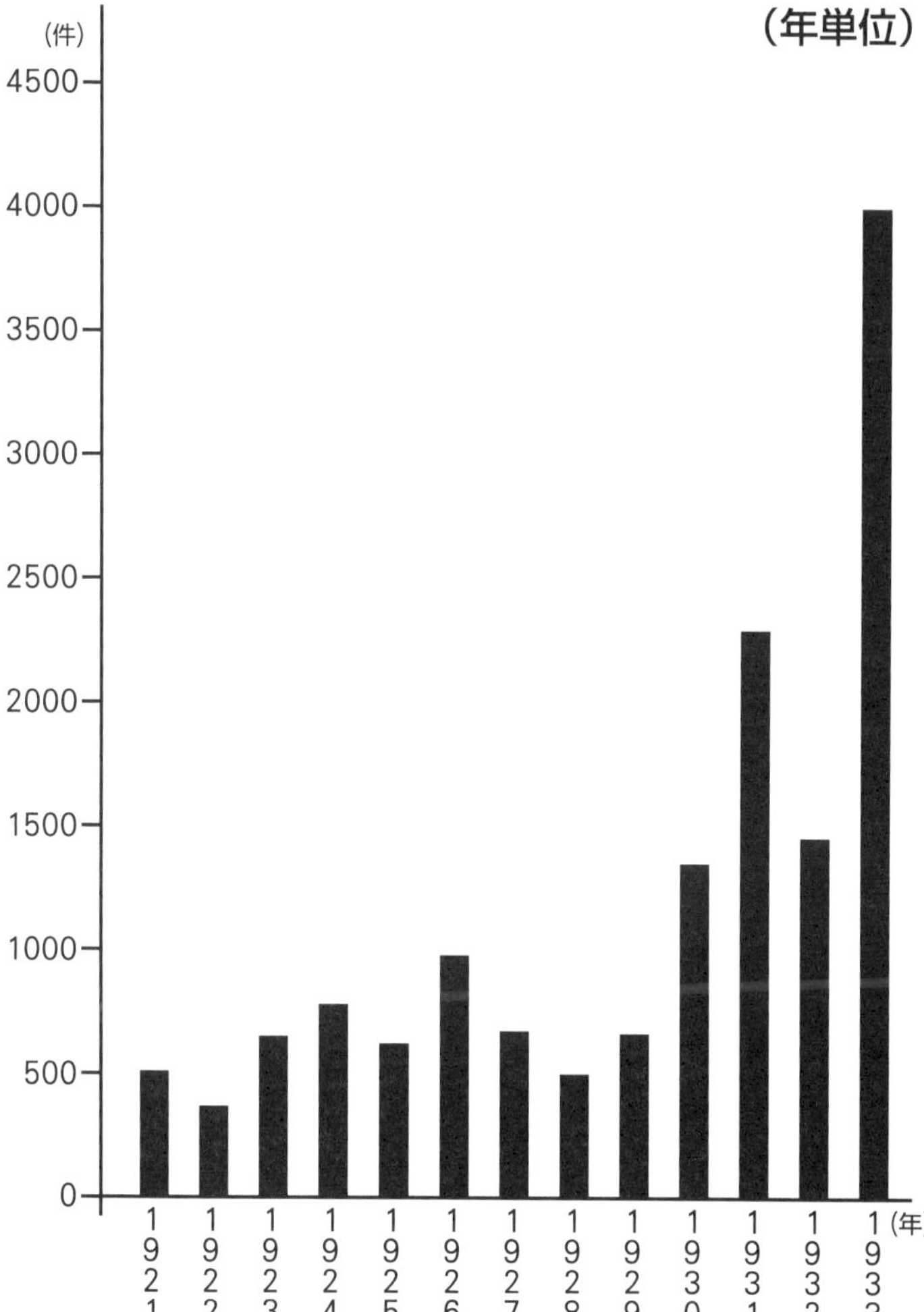

被害を受けたドイツはこの年、第一次世界大戦後の賠償に対してデフォルト宣言を行なっている。

銀行の連鎖倒産が加速する中、事態を重く見たフーバー大統領は、銀行の預金高に応じて五億ドルの資金を拠出させ、それを資金に流動性不足に陥った銀行へ融資を行なう全国信用会社（ＮＣＣ）を設立した。しかし、ＮＣＣの責任者が破産直前の銀行に融資することをためらい、まったくと言ってよいほど融資を行なわなかった。またしてもフーバー大統領の施策は失敗に終わった。アメリカにおける倒産件数はさらに拡大し、三一年は二二九三行にのぼる。

のっぴきならない銀行破産の様子にフーバー大統領は非常措置をとった。第一次世界大戦の緊急時の措置、政府による金融機関への直接介入をまねて、復興金融公社（ＲＦＣ）を三二年二月に設立したのだ。政府出資の公的資金五億ドルと上限一五億ドルまでの起債権限によって、ＲＦＣは合計二〇億ドルの与信枠を確保した。そして、その中から実際に八億ドルの貸付けを行なったのだ。

二月以降の倒産件数は目に見える形で急減し、三二年は一四五三行と前年の倒産件数を大きく下回った。そして、翌年三月に任期満了を迎えたフーバー大統領は、金融恐慌の後始末というバトンを次のフランクリン・ルーズベルトに託すことになった。

三三年は、金融恐慌のいよいよクライマックスの年である。ルーズベルト大統領は三月五日の就任直後に突然、全国銀行休日宣言を行なった。「バンクホリデー」である。

これによって、アメリカにあるなんと一万八〇〇〇を超えるすべての銀行が閉鎖されたのだ。その期間は、三月六日（月）から三月一二日（日）までの一週間。その間に、存続が可能な銀行と不可能な銀行の二つに分けられ、約七割の可能と判断された銀行は一三日（月）以降、営業が再開された。

その前日一二日、ルーズベルト大統領は「明日の月曜日に順に銀行を再開する。再開される銀行はまったく心配ないので安心して欲しい」と演説している。一方、不可能と判断された残り三割の銀行は閉鎖されたままで、ほぼそのまま倒産の道を進んだ。なお、前年のＲＦＣから融資を受けた銀行のほとんどは、不可能と判断された側に回されたので、RFCの設立は単に弥縫策に過ぎなかったことがわかった。今回のバンクホリデーは完全に膿を出しきる形となり、三三年三月のわずか一ヵ月だけで銀行破産は三四六〇行にもなった。

そして、その翌月以降、銀行の破産件数は劇的に下がり、取り付け騒ぎを含む一連の銀行騒動は収束して行ったのである。この三三年の一年間の倒産件数は、なんと四〇〇〇行に達した。そして一九三〇年初めに二万三六三一行あった銀行のうち、一九三〇〜一九三三年の四年間で九〇九六行の銀行が破産した。破産割合は、なんと三八・五％。五行あれば二行が潰れるという異常な事態だったわけだ。

一九三三年三月のバンクホリデー後は政府が銀行に積極的に関与し、それ以降は合併先のないまま倒産させることはなかった。また、商業銀行と投資銀行を明確に分ける法律も制定し、銀行がいち投資家に陥らないようにした上、杜撰な管理の改善も求めた。これによって、銀行への信用は急速に高まった。

一方、その前に多くの銀行が破産したわけだが、それらの預金者はほとんどが自己責任を問われ、銀行の傷み具合によって預金が実際にカットされることになった。中には、預金額のほぼすべてを失うケースもあったようだ。銀行が破産すると、平均では三～五割の預金損失を覚悟する必要があった。

通貨を発行できず、中央銀行が危ないので金《きん》没収！

大恐慌の真っ只中において、不思議な金融政策が取られた時期がある。金融政策の常識から考えると、正反対のことを行なっているのである。それは、〝利上げ〟だ。

「暗黒の木曜日」の後、六％あった政策金利（当時は公定歩合）は、その直後一〇月三一日に五％まで引き下げられた。そこから段階的にどんどん下げられ、一九三一年五月八日には一・五％まで下げられている。この二年弱の間に、四・五％もの利下げである。

ところが、まだ恐慌状態で銀行の連鎖破産が続く中、その後利上げに転じているのである。しかも、三一年一〇月の九日と一六日と、月二回にわたる異例の利上げで政策金利を三・五％まで急激に上げている。景気が悪くなれば利下げがセオリーのはずが、その反対のことを行なっているのだ。この理由は、金《きん》の流出を防ぐためである。

当時、アメリカは欧州の他の国と同様に金本位制を採用していた。ドルの価値を金《きん》によって裏付けするもので、それによって通貨の信用を高めていた。ただ、この金本位制には決定的な弱点があった。それは、保有している金《きん》の中で金融政策を行なう必要がある点だ。金《きん》の保有量は有限だから、金融危機が発生した際、今のＱＥ（量的緩和）のように必要額をそのまま満額で資金供給することは難しい。それどころか金《きん》の在庫がなくなれば、通貨を発行することすらままならないのである。

一九三一年はオーストリア最大手の銀行がなくなり、欧州が混乱を極めていた時期である。その混乱を収めるために、イギリスが同年九月にいち早くそれまでの金本位制を放棄した。その影響がアメリカに伝播したのである。

いずれアメリカもそうなるだろうと、アメリカ国民が銀行から引き出したドルを金《きん》に交換した。それで慌てて利上げを行ない、ドル保有を促したのである。それでも利上げは一時的にしか行なうことはできず、恐慌対策としてその後は利下げを行なわざるを得なかった。

そうこうするうちに、限界が生じてきた。三三年三月三日、ニューヨーク連銀の法定準備金が足りなくなる事態が発生したのだ。アメリカの中央銀行が破産状態に陥るという、前代未聞のことが起きたのである。

ルーズベルト大統領は、着任後すぐに荒療治に出た。国民からの金《きん》の没収である。一九三三年四月五日、大統領就任直後にバンクホリデーを行なった一ヵ月後、今度は大統領命令六一〇二号を発令したのだ。内容は、国民または企業が保有する金《きん》を一部の例外を除いてすべて政府に一トロイオンス（約三一・一グラム）あたり二〇・六七ドルで強制的に拠出させ、一般的に貯蔵することを禁止したのである（銀に対しても同様のことを行なっている）。そして、その令に背いて金《きん》を隠し持ったりする者には、一万ドル（今の価値で約二〇〇〇万円）

の罰金か一〇年の禁固刑、あるいはその両方という厳しい罰則を設けるほどの徹底ぶりであった。

翌年一九三四年、政府は金準備法を制定し、一オンス（約二八・三グラム）三五ドルという新しい価格を採用した。これはドルが金《きん》に対して四六％下落したことを意味し、国民の財産をその分没収したとみることができる。

その後、政府は約四〇年にわたって金《きん》の一般保有を認めておらず、それが解放されたのは金本位制を完全に廃止したニクソンショック後の一九七一年一二月三一日のことだった。

以上が一九二九年一〇月から起きた世界大恐慌の一連の顛末である。事実は小説よりも奇なり。歴史を紐解くと、時々想像もつかないような出来事が本当に起こっているのである。そして世界大恐慌から約八〇年後、今からつい一〇年前にも想像を絶する金融危機が発生している。次の章では、その話をしよう。

第五章　リーマン・ショックとは何だったのか？

私がウォール街で働きはじめた一九六〇年代当時は、
それこそ永遠に続くのではと思われたほどの好景気で、
誰もが「いとも簡単に稼げる」などと
調子の良いことばかり口にしていたのです。
でも、バブルはあっけなく崩壊した。
このことで、私は物事に対して疑いの目を持つべきだと悟ったのです。
メディアで見聞きしたことを鵜呑みにせず、
まずは可能な限り多方面から情報を得る。
そうすれば、
現実に起こっていることの核心を見つけ出すことができるのですから。

（ジム・ロジャーズ）

住宅バブル破綻に賭けた男

アメリカ発の金融危機が世界中を襲った二〇〇八年当時、世界恐慌の再来が盛んに叫ばれた。実際、リーマン・ショックと一九三〇年代の大恐慌には多くの類似性が見出せる。一方、明らかに違う点も少なくない。

まずはその類似性だが、それは単純に危機の前の段階で壮大なバブルが形成されていた点だ。株価しかり、住宅価格しかり。この原因は、世界的なカネ余りに起因している。とりわけリーマン・ショックの前段階では不動産神話が語られた。事実、アメリカの住宅価格が趨勢的な下落に転じたことは先の大恐慌を除くと見当たらず、ほとんどの人が「住宅価格が下がることはない」と信じきっていたのである。

第一章で述べたＣＬＯの構図と同じく、金融緩和で余剰になったマネーがＭＢＳ（住宅ローン担保証券）やそれらをさらに混ぜたＣＤＯ（債務担保証券）

といったデリバティブ（金融派生商品）を通じて、本来であれば住宅を所有するにふさわしくない層（サブプライム）に資金を提供するという構図が生まれた。こうした構図は住宅価格（担保）が上昇している時こそまかり通ったものの、アメリカで住宅価格が下落に転じると成立しなくなり、最終的に相当な規模の住宅ローンが焦げ付き、ひいてはそれらを大量に保有していた金融機関が立ち行かなくなり、世界的な流動性の危機が起こったのである。

すわ、世界恐慌の再来か、と当時は盛んに叫ばれた。なにせアメリカで住宅も含めた資産バブルが本格的に崩壊したのは、先の大恐慌以来のことなのである。しかし、今になって振り返ってみると、様々な指標が大恐慌の時のそれとは大きく違っていた。良い意味で、である。言い方を変えると、大恐慌ほどの深刻な不況は到来しなかった。

たとえば、先の大恐慌ではすべての銀行が閉鎖される事態となったが、ＦＤＩＣ（米国連邦預金保険公社）によるとリーマン・ショックで破綻した銀行は二〇〇八年に二五行、二〇〇九年に一四〇行、二〇一〇年に一五七行とものす

S&Pケースシラー住宅価格指数

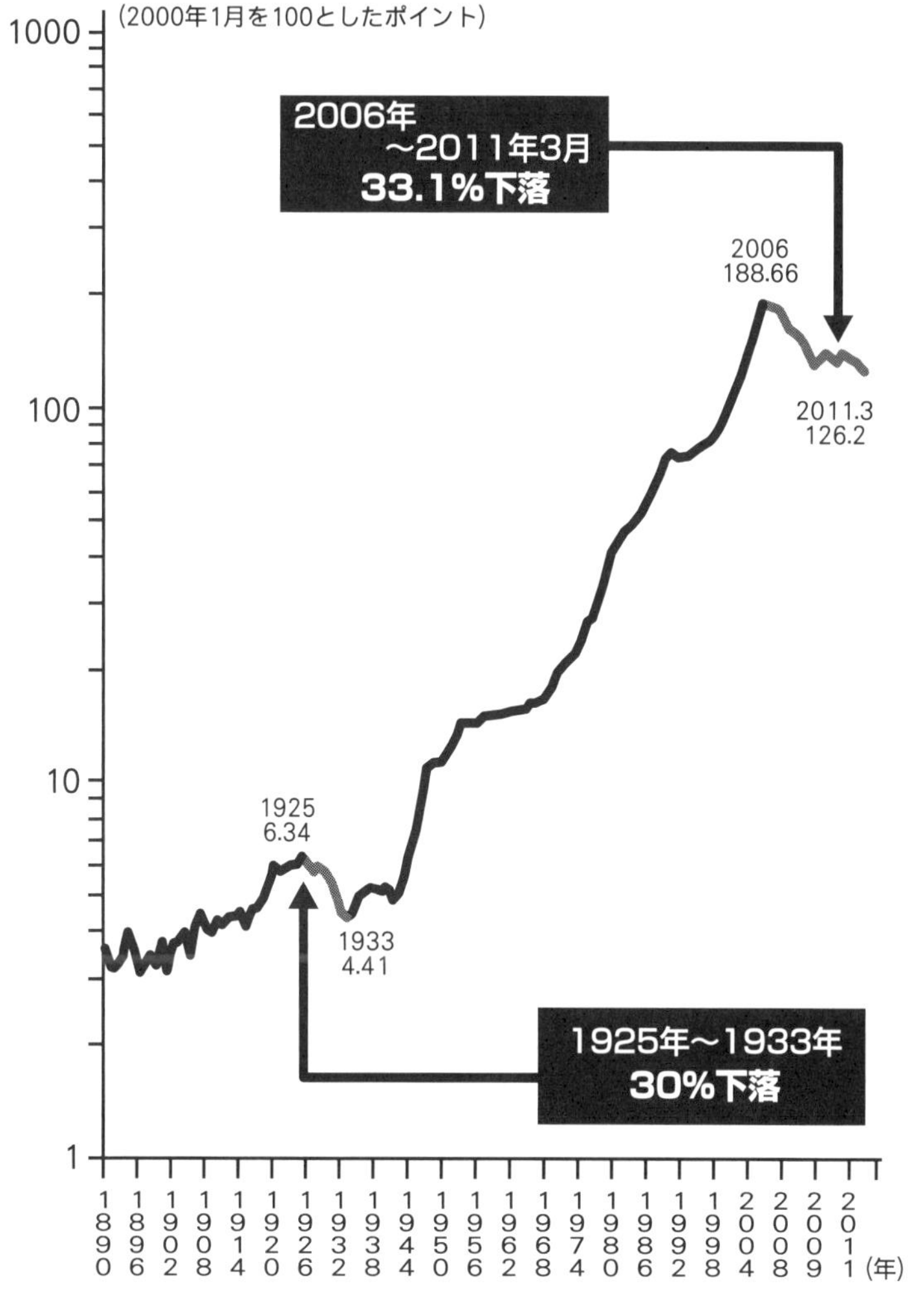

ごい数ではあるが全銀行の閉鎖という事態は免れている。また、大恐慌の際は株価が再び高値を更新するのに二五年もの歳月を費やしたが、リーマン・ショックでは危機から五年後の二〇一三年三月に高値を更新した。およそ五年という短さである。その他、失業率などの指標でも大恐慌の時より被害が大きくならなかったということがすでに確認されている。

なぜ、こうした差が生じたかについては後述するが、偉大な投資家を輩出したという点では二つの危機は共通している。リーマン・ショックの際も壮大なバブルを事前に見抜いたことで大きな成功を収めた投資家が数多く出た。

前章で述べたように、大恐慌の際はグレート・ベアの異名で知られるジェシー・リバモアの存在があり、先の金融危機では私がかつて取材したカイル・バスなどが名を馳せている。二〇一三年に私は彼にインタビューしているが、そのバス氏のことを簡単に話しておきたい。

リーマン・ショック（二〇〇八年）よりも前の二〇〇七年一二月一九日、米ブルームバーグは、「サブプライムの甘い実を食べた一握りの人、苦い実食べた多くの人たち」と題した配信記事でカイル・バスを取り上げている。参考になるので一部を抜粋したい。

バス氏は、米住宅価格が大恐慌以来で初めて下落するという大きな賭けをしようとしていた。賭けの相手は、高利回りを追い求めてサブプライム証券を購入する投資家たちだった。このグループにはウォール街の金融機関のほかにドイツと日本の銀行、米国や海外の年金基金がいた。彼らは米国の一部地域で住宅差し押さえが起こり始めていたにもかかわらず、これらの証券の高い格付けに安心しきっていた。

住宅不況を予想する投機の伝統的な方法は、住宅建設会社の株を空売りすることだった。しかし、住宅ローン証券関連の新しい標準化されたデリバティブは、より低リスクで、当たった場合に大きな利益が得られる手段を提供した。

バス氏は業界人やアナリストと話し、専門書を読んでこのデリバティブについて勉強した。空売りする対象が「合成債務担保証券（シンセティックＣＤＯ）」だと言われたときは理解するのに一カ月かかったという。

（米ブルームバーグ二〇〇七年一二月一九日付）


その後にバス氏はシンセティックＣＤＯを空売りし、一億一〇〇〇万ドルの初期投資をおよそ七億ドルに増やしたことで、投資業界の一線に躍り出た。二〇一一年、米金融専門放送局ＣＮＢＣのシニア・エディターであるジョン・カーニー氏は「全時代の投資家ランキング」を発表し、ジェシー・リバモアや英ポンド危機を仕掛けたジョージ・ソロスといった著名投資家を抑えてバス氏を第一位に選出している。

今でこそ欧米メディアでその発言が逐一クローズアップされるバス氏だが、リーマン・ショックまではほとんど知られていなかった。奇しくもバス氏のキャリアは、彼が巨額のリターンを上げた住宅バブル崩壊によって消滅することになった米投資銀行のベア・スターンズではじまっている。

その後、米運用大手レッグ・メイソンに転職するのだが、この二つの会社では主にディストレスト戦略（イベントドリブン戦略の一種。米国破産法一一条の適用された企業や、財務内容が悪化した企業の発行する債券を割安な価格で購入し、その企業の信用力が回復する過程で、値上がりした債券を売り抜く戦略）に携わっていたようだ。

二〇〇五年末、レッグ・メイソンがバス氏の担当するビジネスを売却したのを機に、米テキサス州ダラスに拠点を置く「ヘイマン・キャピタル・マネジメント」を設立。その翌年に早くも大きな実績を上げた。

名門の投資銀行が一夜にして姿を消した

バス氏には面白い逸話がある。二〇〇六年八月に、彼自身が金融のキャリアをスタートさせたベア・スターンズに対し、「（目前に迫る）米住宅市場崩壊」に関する投資アイデアを売り込んでいたのだ。

ベア・スターンズにはリスク管理委員会なるものがあり、バス氏はそこで講演したというが、責任者は次のように告げてまるで取り合わなかったという——

——「面白いプレゼンテーションだった。君が間違っていることを祈るよ」。

当時、全米で第五位の投資銀行であったベア・スターンズは一五〇億ドル（一兆五〇〇〇億円）ものシンセティックCDOを保有しており、二〇〇八年に実質的に破綻した。実は、この破綻劇にバス氏が関与したのではないかと取り沙汰されている。

「住宅市場の暴落を見込んだ投資で、バス氏は一躍有名になった。ところが近年、同氏はベア・スターンズの崩壊を促進した人物としても脚光を浴びている。米国立公文書記録管理局が二〇一六年に公開した文書によると、ゴールドマン・サックス・グループが流動性に懸念があるベア・スターンズとの取引を拒否したという米経済専門局CNBCの報道の情報源は、バス氏だった。ベア・スターンズの投資家や債権者がこの報道でパニックに陥ったこともあり、同行はわずか数日後にJPモルガン・チェースとの合併を決めてしまった」（米ウォールストリート・ジャーナル二〇一八年三月二六日付)。

バス氏はこうした見方に反論しているが、ベア・スターンズ破綻の例はいかに金融機関の業績が急激に悪化するかを物語っており、私たちにとっても示唆に富む。その様子を簡単に振り返ってみたい。

そもそも、市場関係者の懸念が住宅バブルの崩壊から金融危機に移るきっかけとなったのが、このベア・スターンズの実質的な破綻であった。二〇〇八年三月のことである。

シンセティックＣＤＯに多額の投資をしていたベア・スターンズであったが住宅バブルが終焉を迎えたことで、二〇〇七年六月に傘下のヘッジファンド二社が破綻してしまった。ファンドは投資家の出資分である六億ドルに一〇倍のレバレッジをかけて、およそ六〇億ドルのＣＤＯを含めたサブプライム・ローン関連の金融商品を保有、それらが毀損したことによって巨額の損失を計上したのである。ついには出資金を食いつぶして破綻してしまった。

当然のごとく、ベア・スターンズ本体もあおりを受ける。二〇〇七年の第４

四半期（九月～一一月期）には八億五四〇〇万ドルもの純損失を計上し、創業一〇〇年の歴史で初めて赤字に転落した。

ベア・スターンズが実質的に破綻したのは三月一四日なのだが、興味深いことにその二日前にはアラン・シュワルツＣＥＯ（当時）がＣＮＢＣに出演して「一～三月期は黒字になる」との見通しを語っていたのである。ところが三月一一日の時点では一七〇億ドルもあった同社の手元資金が、二日後の三月一三日に底を突いてしまったのだ。すなわち、ＣＥＯがテレビで黒字の見通しを語った翌日に同社の資金が枯渇してしまったのである。

するとほどなく「ベア・スターンズの資金繰りが悪化した」との情報が流れ、大規模な資金流出が起きた。ＪＰモルガン・チェースとニューヨーク連銀が緊急融資を表明するが、同社単独での存続は実質不可能となり破綻に追い込まれたのである。

結果的にＪＰモルガン・チェースはベア・スターンズが抱えていた三〇〇億ドルの住宅ローン関連の金融商品を買い取り、これをニューヨーク連銀が二九〇億ドルの融資でバックアップすることとなった。ＪＰモルガン・チェースは二億三六〇〇万ドルでベア・スターンズを買収したのだが、二〇〇七年一月頃には二〇〇億ドルもの時価総額を誇っていた名門投資銀行は、こうして瞬く間に姿を消してしまったのである。

偽ブームと証券化商品

話が前後するが、リーマン・ショックはいかにして起こったかを説明して行きたい。まず認識していただきたいのが、〝金融緩和に起因したカネ余りがバブルを醸成していた〟という基本的な背景だ。

時は二〇〇一年にまで遡る。当時はドットコム・バブル崩壊に加え、アルゼンチンのデフォルト（債務不履行）、さらには米国で同時多発テロが起きたため世界的に景気の減速感が強まっていた。停滞を恐れた欧米、そして失われた二〇年に苦しんでいた日本といった主要先進国の中央銀行は、揃って金融緩和に舵を切る。アメリカでは政策金利が史上最低（当時）の一％にまで低下した。

こうして溢れたマネーがアメリカをはじめドバイや南欧の不動産市場に流れ込んだことがサブプライム・バブルを含めた世界的な不動産バブルの発生に寄与している。

時を前後してアメリカでは、サブプライム・ローンが巷を賑わせていた。サブプライム・ローンとは、アメリカの低所得者向け高金利型の住宅ローンを指す。一方、中間層以上（十分に信用力を有している顧客）向けの住宅ローンはプライム・ローンと呼ぶ。アメリカの住宅ローン全体の八割をプライム・ローンが占め、残りの二割がサブプライム・ローンであった。従来、アメリカでは移民などの低所得者は住宅ローンを組むことができなかったのだが、一九九〇年代にサブプライム・ローンが登場したことにより持家という概念が低所得層にも浸透したのである。

サブプライム・ローンの最大の問題は、「住宅価格が上がり続ける」ことを前提にしていた点にあった。前述したように、アメリカでは一九二九年の大恐慌

米政策金利推移　1990年～2019年

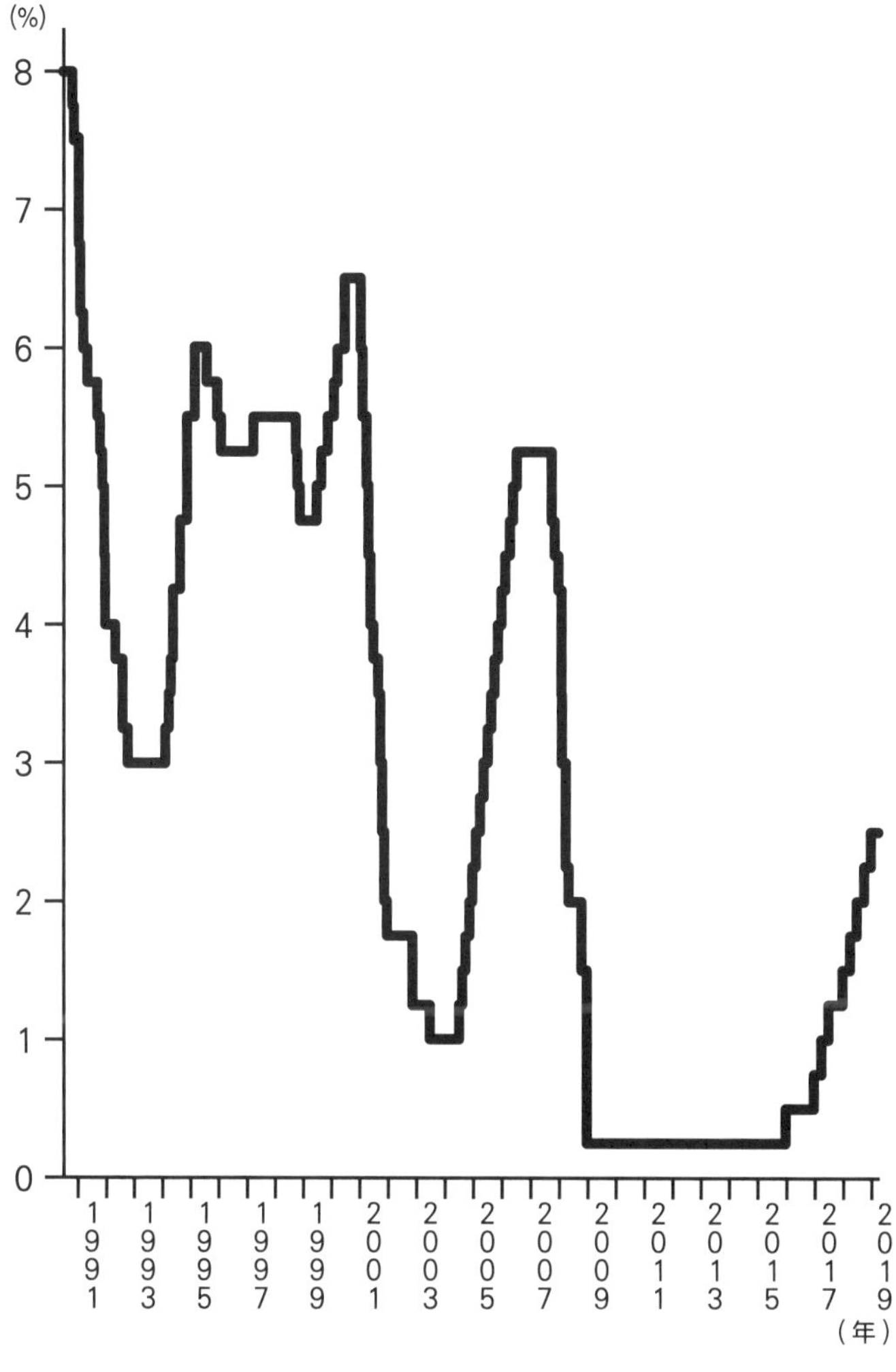

を除いて住宅価格が下落基調に転じた試しは一度もなく、日本の不動産バブル期の不動産神話に似たような〝楽観論〟が蔓延していたのである。

サブプライム・ローンのおよそ七割は「ハイブリットＡＲＭ」という最初の二、三年間が優遇固定金利でそれ以降は変動金利となる仕組みのもので、その他にも「ＩＯローン」（インタレスト・オンリー）という、最初の二〜一〇年間は元本据え置きで利払いのみという新種のローンが多く組まれた。

ローン会社は、ハイブリットＡＲＭやＩＯローンを駆使して変動金利に移行する段階で値上がりした住宅を担保にすればより有利なローンへ借り換えることができると謳ってサブプライム層を巧みに勧誘したのである。また、ローン会社が「仮にローンが滞っても購入した住宅を売れば必ず完済できる」とことさら安全性を強調したこともあって、マイホームを夢見た低所得者が次々とサブプライム・ローンを組んだ。中には、年収二〇〇万円ほどの人がローンを組んだ例もあるという。

二〇〇〇年代の前半まで不動産価格は上昇基調にあったため、より有利なローンへの借り換えに成功した債務者も多くいた。低所得層は、そこにアメリカン・ドリームという夢を見たのである。

先進国の金融緩和、そして住宅価格の上昇を前提にしたサブプライム・ローン、この二つの存在こそがアメリカをまさにバブルと呼ぶにふさわしい熱狂状態へと駆り立てた。私がバス氏にインタビューした際、彼は「二〇〇二年頃から先進国の多くで偽ブームというべき状況が発生していた」と振り返っている。

この住宅ローンの活況に、投資銀行が目を付けた。住宅ローンを担保とした証券化商品を発行し、世界中の投資家に売りまくったのである。その代表例が「ＭＢＳ」（住宅ローン担保証券）を束ねた「ＣＤＯ」（債務担保証券）である。

ＭＢＳはモーゲージ債のことなのだが、モーゲージとは抵当権を意味し、サブプライム・ローンは土地と建物を担保としていることからモーゲージ（抵当権）債の一種であった。モーゲージ債を所有するローン会社が、投資銀行にそれを売り、それらを投資銀行が束ねたものがＣＤＯ（債務担保証券）である。

仕組みは、第一章で説明した「ＣＬＯ」（ローン担保証券）とほぼ同じだ。同様に三段階のトランシェ（安全性度）に区分されており、最上が「シニア」、次に「メザニン」、最後に「エクイティ」となっている。シニアは基本的にS＆Pなど格付け大手からトリプルAのお墨付きを与えられているため、このCDOは資本市場で大ヒットした。

アメリカ以外でも、欧州や日本の一部の金融機関がCDOに飛びつき、二〇〇六年末までに市場規模は二兆ドルに迫ったのである。この勢いは、昨今のレバレッジド・ローンひいてはCLOの状況を彷彿とさせるものだ。

話はこれで終わらない。二〇〇五年二月のある日の夜、ドイツ銀行のウォール街オフィスに大手投資銀行五社の代表が集まった。集まったのは、ドイツ銀行、ゴールドマン・サックス、ベア・スターンズ、シティ、JPモルガン・チェースの五社。主催者はドイツ銀行のトレーダー、グレッグ・リップマン（当時三六歳）。

後に「グループ・オブ・ファイブ」（G5）と名付けられたこの会合で話し合われたのは、〝新たなデリバティブの創出〟であった。彼らは、高利回りを追求する世界中の機関投資家の需要に応えようと躍起になっており、それに応えようと新たにサブプライム関連のデリバティブを設計したのである。

そしてできたのが、デリバティブでデリバティブを組成するというシンセティックＣＤＯ（合成債務担保証券）であった。そう、後にカイル・バスが空売りした商品である。バス氏が理解するのに一ヵ月もかかったと話したように、このシンセティックＣＤＯの中身は極めて複雑で説明は容易ではない。ちなみにリーマン・ショックの際に問題となったのは、ＣＤＯにＣＤＳの保険債権を細分化して組み込んだものであった。

中身の詳細は省くが、このシンセティックＣＤＯの登場によって数少ないローンからより規模の大きい証券を組成することが可能となったのである。しかし、商品の内容が極めて複雑であったために、投資家だけでなく格付け会社でさえもこの商品の中身やリスクをきちんと把握できていなかったようだ。

格付け会社は、「他社との競争に負ける」との理由だけでよくわからないデリバティブにトリプルＡのお墨付きを与えていた可能性がある。昨今のＣＬＯの格付けを巡る状況も、当時と似たり寄ったりという指摘は多い。

ところで、シンセティックCDOを創出したG5を主導したドイツ銀行のグレッグ・リップマンには後日談がある。

実は、この金融商品の生みの親である彼自身が、シンセティックCDOを空売りして多額の利益を得ていたのだ。詳しい経緯は不明だが、リップマン氏はCDOを創出した時点で「金利上昇によってシンセティックCDOが二年後（二〇〇七年頃）には焦げ付くと考えていた」と言われている。

彼は、CDSを使って実質的にシンセティックCDOを空売りし莫大な利益を上げるが、彼が所属するドイツ銀行は、危機後に米当局から利益相反の疑いで捜査された模様だ。

リップマン氏はドイツ銀行を辞めて、現在は自身でリブラマックス・キャピタルというヘッジファンドを設立し、ヘッジファンド・マネージャーとして約三〇億ドルを運用している。ちなみに、リップマン氏が現在予想する次なる危機の震源地は、〝社債〟だ。

リーマン・ショックは危機の前段か？　本丸はこれからの可能性

本章の冒頭でリーマン・ショックは先の大恐慌ほどの被害をもたらさなかったと書いたが、金融機関の破綻件数、株価の推移、失業率などの指標からみると大恐慌の再来は免れたというのが通説となっている。

金融機関の破綻件数と株価については先に触れたが、残る失業率はと言うと、大恐慌の際は一九二九年の三・二％から四年後の一九三三年には二四・九％まで悪化した。一方、リーマン・ショックの際は二〇〇七年の四・六二％から二〇一〇年には九・六一％まで悪化するが、そこがピークとなりその後は低下を続け、二〇一九年には三・七九％にまで下がると見られている。

少なくない金融機関は破綻したものの、直近ではアメリカの金融機関は一様に健全さを取り戻し、株価はこの一〇年で何度も史上最高値を更新した。失業率は建国史上、類を見ないほどの低さに至っており、世界大戦という破局を迎えた先の大恐慌とは大きく違っているとも言える。

こうした差が生じたのはなぜか。現在でも多くが議論されているが、大きな理由の一つに「恐慌再来を阻止した男」の存在が挙げられる。

その男とは、リーマン・ショック当時米連邦準備制度理事会（ＦＲＢ）議長であったベン・バーナンキだ。

バーナンキ氏はその生涯を大恐慌の研究にささげて来たとも言えるほど、その中身に精通している。自らを「グレート・リプレッション・パフ」（大恐慌マニア）と呼び、実際に大恐慌研究の第一人者として有名だ。

そのバーナンキ氏は、「一九二九年から二年間にわたってニューヨーク連銀（現在のＦＲＢに相当）が大量の資金を市場に供給していれば大恐慌は防げた」と考えている。そして実際に、リーマン・ショックの際にその教訓を生かした。

前章でも述べたが、一九三三年四月五日にフランクリン・ルーズベルト大統領は、金《きん》を一トロイオンス（三一・一グラム）＝二〇・六七ドルで政府に拠出するよう命じたのだが、その目的はインフレ政策の導入（ドルの切り下げ）することにあったのである。

金本位制（兌換紙幣制度）の下では政府が発行する紙幣の総額は政府が保有する金《きん》の量によって制限されるため、インフレ政策や積極的な財政政策を導入するには政府が金《きん》を保有している必要があった。ルーズベルトは、恐慌から脱出するには金融緩和と財政出動が有効だと考え、金《きん》の徴収に踏み切ったのである。そして、金《きん》に対するドルの価値を一トロイオンス＝二〇・六七ドルから三五ドルに引き下げる形でインフレ政策を導入した。

金《きん》の没収を伴ったこのインフレ政策は、リーマン・ショック後にＦＲＢが実施したＱＥ（量的緩和）にも通じる。というより、リーマン・ショック後の積極的な金融緩和は当時の教訓をもとに講じられたのだ。

「バーナンキ議長はプリンストン大学で教鞭をとっていた時代、一九二九年のニューヨーク株大暴落に伴う大恐慌を研究して、そこからの脱出に最も効果があった政策として、フランクリン・ルーズベルト大統領が一九三三年の就任直後に実施したドル切り下げを挙げていた」（米ブルームバーグ二〇一五年一〇月七日付)。

中央銀行による徹底的なバックアップが必要だとするバーナンキ氏は、リーマン・ショックが発生した際に大量の流動性を市場に供給し、さらには米国史上初となるゼロ金利政策や量的緩和政策を導入したのである。

これら劇的な金融緩和が大恐慌の再来を防いだという見解は、恐らく正しい。迅速に金融システムへ流動性を供給したことが、金融機関の連鎖破綻や不況の長期化を阻止したと言える。

とはいえ、金融政策は決して万能ではない。金融危機直後こそ大胆な流動性供給は有効だと考えられるが、低金利のメリットは時と共に薄れてプラスよりもマイナスの影響が生じてくる。そのマイナスの影響で代表的なものは、金融機関の経営難、そして資産バブルの醸成だ。

リーマン・ショック以降、景気対策という名目から世界中で低金利が常態化しているが、これが金融機関を苦しめている。その最たる例が日本勢で、第一章で述べたように昨今では半ば無理やりに海外進出を余儀なくされ、なれの果てでＣＬＯなどの金融商品に手を出しはじめた。

過去のバブルを振り返ると、景気対策として導入された数々の緩和策が長期化することで別の新たなバブルが生じてしまうというケースがほとんどである。今回も例外ではないはずだ。世界の債務残高はすべてのセクターでリーマン・ショック前よりも増えており、余剰マネーの多くがリスク資産に化けている。

そう考えると、リーマン・ショックとは次なる（＝もう間もなくやってくる）危機の前段だという位置づけに過ぎないのかもしれない。何とか大恐慌の再来は防いだが、見方を変えると膿を出し切れずに相当な矛盾を抱えたまま、次なる壮大なバブルに突入しているのだ。

そしてその一翼を、邦銀による対外与信が担っている。次に大きな金融危機が起これば、次こそは金融機関がバタバタと潰れるかもしれない。目をこらせ‼　身構えろ‼　早く手を打て‼

いよいよ最終章で、生き残りの方策が明示される。

第六章　サバイバルの極意

――あなたの大切な預貯金をなくさないために

いざという時の備えもすべきだ。
むこう二〜三年のうちに世界の金融市場で問題が起きる可能性もある。
上昇はいつまでも続かないと認識し、
世の中の動きに最新の注意を払って生きて行ってほしい。（ジム・ロジャーズ）

信じていたものが失われるという恐怖

地震や津波、火山噴火、あるいは豪雨や暴風といった天災には、いつ何時襲われるかわからない。突然すべてを奪い去り、人々を苦境につき落とす。

しかし、こうした天災は、私たち日本人ならば少なからずその猛威に触れる可能性に思いを致し、必要に応じて何らかの対策を講じるのが一般的だろう。

これに対して、恐慌や国家破産といった「経済災害」は、ほとんどの人がその猛威に触れる可能性を想定していないという点でたちが悪い。必要な対策はおろか、その心構えすらない状態から奈落のどん底に叩き落されるのだから、そのダメージは計り知れないものとなる。

銀行やゆうちょなどの金融機関が次々倒産するといった事態も、同様に可能性を想定し対策することは、一般的には極めて難しいだろう。自分の大切な資産を金融機関に預ける時、「もしかしたら、ここは潰れるかもしれない」「預けた財産がなくなるかもしれない」などと考える人はまずいない。

それに、金融機関の信用とは、半ば国家の信用に直結している。もし、国家が経済活動の根幹をなす金融システムを盤石に保てなければ、その国家は三日ともたないだろう。したがって、国は威信をかけて金融システムを盤石ならしめるし、その中核をなす銀行は、国ぐるみ、社会ぐるみで「絶対安全」であることを保証しようとするだろう。そして私たちは、その「安全神話」をすっかりと脳裏に刷り込まれているというわけだ。

数年前まで、大学生の就職ランキングでは銀行は、常にランキング上位を独占してきた。まさに、「安全神話」の洗脳が行き届いていた格好だ。公務員に次ぐ「盤石で安定した優良就職先」としての認識、そして高所得が確約されたエリートというイメージがその主な理由だ。

しかし、そのイメージはこの数年で徐々に化けの皮がはがれはじめた。銀行への先行き不安が、いよいよ世間に浸透してきたのだ。

とはいえ、大多数の人たちは「そうは言っても腐っても鯛、銀行もまだ当分安泰」と考えているのではないだろうか。となれば、もし仮に今銀行が突然次々と破綻し、あなたの大切な資産が引き出せなくなるどころか、煙のように消失したらどうだろうか。まず間違いなく世の中は深刻なパニックに陥り、そしてその後どう生活再建してよいかもわからなくなるだろう。

ここまでの章を読んだ読者なら、もう「まさかそんなことがあるわけがない！」とは考えないだろうが、実際にどのようなことがあなたの身に降りかかるのか、シミュレーションで検証してみたい。すると、どんな対策、準備が必要なのか、そしてそれを行なうならいかに早く行なうべきかもわかってくるだろう。

シミュレーション「銀行破綻！」その時何が起きるのか？

二〇二〇年八月一七日。この春、欧州のとある銀行が破綻したことをきっかけに、世界経済は深刻な景気後退局面に差し掛かっていた。世界中の金融システムに信用不安という暗雲が立ち込め、マネーの逆回転がはじまりつつあったからだ。

それでも日本では、折しも人々を熱狂の渦に巻き込んだ東京オリンピックが終了し、そしてその後お盆休みに突入したこともあって、人々はどことなくゆったりとした雰囲気でこの週明けを迎えていた。帰省ラッシュを避けた人たちはまだ休暇の最中で、海外旅行に出ている人たちも多かった。

しかし、その日の昼に衝撃的なニュースが飛び込んでくる。「××銀行 会社更生法の適用を申請」——かねてから危険視されていた地方銀行の中にあって、堅実な経営で優良行と目されていた大手地銀が破綻したのである。世間では、「もし潰れるなら弱小地方銀行や信金・信組だろう」などとささやかれていたため、この予想外の破綻劇は人々に最悪のサプライズをもたらした。

件の銀行は、長引く低金利によって本業の収益が立ち行かなくなったことから、銀行にとってはハイリスク・ハイリターンといえる低格付けの外国債券などのいわゆる「ジャンク債」に多額の投資を行なっていた。今春以降、世界中の信用収縮によってそれらのいくつかが債務不履行（デフォルト）に陥ったため、巨額の評価損が発覚したのである。かねてから金融庁が懸念し、銀行の監視強化を行なっていたまさにそのものズバリのものが出てきたことで、金融関係者や政府関係者の間には激震が走った。ある高級官僚は、この一報を聞いた時「ついに来るものが来てしまった‼」と口走った。

すぐさま、銀行の経営幹部、金融庁や日銀、政府関係者が集結しあらゆる対策が検討されたが、その結果はむなしいものであった。巨額のジャンク債投資はもはや手に負えないほど毀損していて、この銀行を救済しようにも際限のない泥沼の事態が見込まれたのだ。彼らは救済の道を早々に諦め、なるべく手際良く銀行をたたんで影響を最小限に食い止めることを決めた。

速報が流れた直後、政府は緊急の会見を開きこの銀行の預金を全額保護すると確約した。春からの景気後退と銀行の信用不安により、この銀行の破綻がパニックの引き金となることを恐れた異例の措置といえるだろう。この措置が奏功し、この日は取り立てて大きなパニックは起きなかったが、それでもこの時に危機を察知した一部の人々が銀行に殺到した。「倒産した件の銀行とはまったく関係はない」」、とある銀行の窓口では押し問答の末殴り合いが発生し、軽傷者が出たという。

それでも、関係者の当初のもくろみ通り、破綻処理は迅速に進められた。取り付け騒ぎなども速報が流れた日以降はほとんど起きず、人々は若干の不安を感じながらも事態を静観した。政府も連日のように「わが国金融システムは盤石」「銀行には潤沢に現金が用意されており、いつでも引き出し可能」というメッセージを出し続け、メディアもこれに全面的に協力した。しかし、銀行に対する不安感はジワジワと人々の心を侵食しはじめていた。やがてネット上では第二、第三の銀行破綻の噂がささやかれるようになり、それに対応するように銀行に多額の引き出しに訪れる人々が増えはじめた。

衝撃の銀行破綻から二ヵ月あまりが経った一〇月一九日、ついに事態を加速させる事件が勃発する。しかし、次なる震源地は銀行の破綻どころか、日本国内ですらなかった。アメリカでいくつかの企業が倒産し、大手銀行系金融機関が発行するＣＬＯ（ローン担保証券）にこれらの企業の低格付け債券が組み入れられていたことが発覚したのである。恐怖心理を刺激された世界中の機関投資家は、一斉にＣＬＯの解約に走った。恐怖の連鎖は他のＣＬＯにもおよび、そしてついにはアメリカの巨大な債券市場に火を点けてしまった。あのリーマン・ショックの再来、マネーの大逆流がはじまった瞬間である。

その影響は瞬く間に日本の銀行にも波及した。特に、ＣＬＯに過剰なまでの投資を行なっていた農林中金にはその打撃が直撃、メガバンク三行も財務の急激な悪化は避けられない事態となった。

それまで政府・行政・マスコミは連携して日本の金融機関の安全性を喧伝してきたが、もはや事態はごまかしきれないほどに切迫しはじめた。二〇日の早朝から人々は一斉に銀行に殺到、各地で取り付け騒ぎが勃発した。あまりに多くの人が押し寄せたため、小さな店舗では休業を余儀なくされた。

とある銀行の支店では、大量の現金を用意したものの午前中で在庫が底をつき、順番待ちしていた客たちの一部が暴徒化して多くのけが人が出た。政府はマスコミに取り付け騒ぎを報道しないように圧力をかけたが、もはやそれを守るメディアはどこもなく、騒ぎはこの日から連日のように報道された。

マスコミやネットで騒ぎが大きくなったことで、さらなるパニックが起きた。CLOや破綻懸念と直接関係のない、あらゆる金融機関に取り付け騒ぎが飛び火したのだ。現金で動かせないならとネット取引を使い、預金から別の資産に移し替える人たちも続出、あるメガバンクではネットバンキングのシステムがパンクしまったく動かない状態となった。

また、仮想通貨（暗号資産）への送金が一気に増えたことで、主要な仮想通貨の銘柄が二〇一七年の「ビットコインバブル」の再来を思わせるほどに急騰した。さらに金や銀、ダイヤモンド、美術品といった現物資産の買付けも増え、こうしたものを無申請で海外に持ち出そうとする動きも出はじめた。そのため、空港では税関職員を臨時増員し厳格なチェックを実施、一時は海外渡航者の出国審査に半日近くも費やされる事態となった。

当然、海外送金による資産逃避も急増した。コトを重く見た政府は、財務省を通じて金融機関での海外送金の規制強化を内々に指示。すでに銀行の窓口ではパニック状態でとても送金手続きなどできないため、ネット取引での海外送金に人々が殺到したが、いきなり送金のハードルが上がったことに気付くと、「金融封鎖」が密かにはじまっているという噂が流れはじめた。もはや、日本の金融に対する「安全神話」は完全に崩壊しつつあった。

「神話」の崩壊は、日本だけに留まらなかった。ＣＬＯの崩壊は世界中のあらゆる債務に対する疑心暗鬼を生み、債券の現金化というマネー逆流が発生した。もとから信用力の低かった「ジャンク級」の債券のみならず、優良企業の債券すら売り浴びせで暴落したため、海外でも次々と危機に陥る金融機関が出はじめたのだ。アメリカ、欧州、オセアニア、アジア――いずれの地域においても「あの優良行が⁉」というほどの銀行で危機が到来していると報道された。

主要国の財務相が緊急会合を開き、リーマン・ショック以来の大胆な金融緩和を決定したが、全世界で三京円を超える債務が炎上している状況では、もはや国家であってもコントロール不能であることは誰の目にも明らかだった。それは、現代の金融システムそれ自体が崩壊の危機にあることを意味していた。

そして日本政府は、いよいよ危機の抑止に国家権力を持って乗り出すこととなる。一一月二日夕方、内閣官房長官が一一月四日からの「銀行封鎖」を宣言したのだ。この時間、金融機関はすでに閉まっており、翌日は祝日である。まさにパニックとなることを想定したタイミングであった。先進国では二〇一五年七月のギリシャ以来となる異例の措置に、日本国民は震撼した。

公表内容は一週間ほどの全銀行店舗閉鎖と、一人あたり一日一万円の引き出し制限というものだったが、人々はそれが「とりあえず」の措置であることを薄々勘づいていた。何しろ、かねてから取り付け騒ぎが拡大していた最中での発表である。ギリシャでの先例を考えれば、最低一ヵ月程度はこの状況が続くと見るのが妥当であった。

いよいよ銀行が開かないことが明らかとなると、翌日からATMには長蛇の列ができた。しかし、首尾よく現金が引き出せた人はまだ良い方で、機械の中の現金がなくなり、引き出せなくなっているところも続出していた。また、釣銭に必要な少額紙幣や硬貨が圧倒的に不足し、買い物に困る人たちが続出した。

さらに意外なことに、事ここに至ってクレジットカードが使えないという事態も発生していた。クレジットカードは引き落とし用の銀行口座が紐づいていてはじめて利用ができるが、当の銀行が債権を焦げ付かせて火の車になっているのである。そのため一部のカード会社では、破綻に瀕した銀行に紐づいたカードの利用を制限するという措置に乗り出したのだ。

キャッシュレス決済によって「現金がなくとも大丈夫」と高をくくっていた一部の人々は、自分のカードが使えなくなったことで完全に行き詰まった。手元に現金はなく、保有する数枚のカードは使えず、銀行に行っても引き出しできず、ATMには現金が入っていない――こうした状況にあっても、仕事などで人づきあいがある人はまだマシだった。仕事先で同僚に借金したり知人を頼ったりできたからだ。高齢で近所づきあいも薄い人たちの中には、生活資金が完全に尽きたせいで人知れず餓死するなど、地獄を見る人も現れた。しかし、こうした人達の存在は世間にほとんど知られることはなかった。世の中は、そんな人たちを心配しているどころの騒ぎではなかったのだ。

この年の年末から年始にかけて、日本は混乱の極致を迎えていた。銀行倒産のあおりに直撃された企業は、倒産やリストラが相次ぎ、師走の街に失業者が溢れた。彼らは行き場のない負のエネルギーを無策の政府への抗議活動に振り向けた。元々あまり治安が良くなかった繁華街などでは急速に治安が悪化し、警察官への暴行や通り魔的な強盗事件が頻発した。底冷えする時期に暖房もままならず、ろくな食事も摂れずに孤立死する人も続出した。年明けからしばらくして、ようやく預金封鎖令は一時解除されたものの、引き続き引き出し制限によって資産の大半は凍結されたままであり、銀行に資産の多くを預けていた人々はまったく身動きがとれずにいた。

先の見えない状況に、人々は暗澹《あんたん》たる思いを抱え、首を引っ込めて危機が去るのを待つしかなかった。しかし、残念ながらこの時の混乱ですら本格的な「経済的地獄」到来の序章でしかなかった。この事件から数年後、いよいよ日本国の財政が崩壊を迎えることとなったからだ。日本国破産である。本項では割愛するが、後に人々はこの「銀行大倒産時代」ですら、まだ国家破産に比べてはマシな状況だったことを思い知った。

こうした絶望的状況を横目に、実はさほどの実害を被っていない人たちも少ないながらいた。「銀行も国家も基本的にあまりあてにならない」と考え、それなりの対策を講じてきた人たちだ。彼らは過度に銀行に依存することなく、賢く資産を管理してきたのである。地震や台風に備えて防災袋を用意するように、資産についてもしっかりと管理した人達は無事に生き残ったのだ。

さらに、ごく一部の人たちはこのようなパニック的状況を逆手に、資産を守るどころか大きく殖やすことに成功した。リーマン・ショック、バブル崩壊、世界恐慌……過去の金融危機においてもこうした「ピンチを逆手に大チャンスをつかむ」ことができた人たちはひと握りながら存在した。今回もそうした「大チャンス」をつかんだ人たちがいたのだ。彼らは歴史的経験からこうしたチャンスが到来することを知っていた。それだけでなく、「そのトキ」がくるのを狙いすまし、しかるべく周到に準備していたのだ。結局はこうした「危機意識」と「有事への備え」こそが、大きな結果の差となって現れたのである。

銀行倒産時代の資産防衛法

銀行倒産による金融パニックのシミュレーションを見てきたが、いかがだったろうか。この話の中には、私たちが資産防衛するためのヒントがいろいろと隠されている。これらは一つひとつを見ればそれほど大層なものではないが、そうした対策の積み重ねはやがてあなたの資産防衛にとって非常に大きな成果をもたらすものばかりだ。

もう一点、こうした激動の時代に資産防衛を行なうにあたって注意していただきたい点がある。それは「思い込みやこだわりを捨てる」ということだ。特に、すでに何らかの恐慌対策や国家破産対策を行なっているという方に注意していただきたいのが、今までとは反対の対策を打たなければならないという時だ。もし、その内容をよく吟味しあなたが納得したのならば、それは躊躇せずに実行に移すべきだ。

自分が一度取った対策を修正するのは、誰にとっても心地の良いことではない。ましてや、たとえば私が以前に提案した方法とこれから提案する対策が反対の場合、「手のひら返しだ」「浅井隆は間違えたことを教えたのか」と考えてしまいがちだ。

しかしながら、時代が移り、状況が変わればおのずと必要となる対策も変わってくる。これればかりは致し方ない話で、以前良かった方法が未来永劫にわたって有効であり続けるという方がまれなのだ。

以前なら、三大メガバンクは外形的にも実質的にも盤石と呼んでよい状態の頃もあったが、すでに前章までで見てきた通り、メガバンクはおろかどこの金融機関でも何らかの懸念が付きまとうのがこれからの時代である。やはり現状を冷静に俯瞰し、冷徹に判断を下して行くことが何より重要だ。それは、「機敏」（機を見て敏なる）であることと言い換えてもよいだろう。

では、銀行倒産時代の資産防衛の基本的な心得を確認して行こう。

心得一　どの銀行も決して安全ではないと心得よ

まず、「この金融機関なら安全確実だ」という発想を捨てることだ。

一つ目から実に身も蓋もない話だが、私たちはまずこの前提を受け入れなければならない。猛獣ひしめくジャングルや、銃弾が飛び交う戦場でサバイバルをする場合、もっとも核心的な心得とは「最後に信じられるのは自分だけ」という一点である。これは、「自分以外は誰も信じるな」という意味ではない。極限状態ではいかなる相手であれ、生きるために手のひら返しや裏切りをする可能性がある、そうした可能性を念頭に置いて、限定的に相手を信用し、使えるものは使い、その一方で最悪裏切られてもなお自分が生き残れるよう算段を立てろということだ。

銀行倒産時代に資産防衛を図るなら、どの銀行も倒産し預けた資産が戻ってこないリスクを念頭に置くということだ。その上で、もし実際にそうなったとしても資産全体に深刻なダメージがおよばない程度にその銀行を利用するのである。よく、資産を一円たりとも失いたくないとばかり、銀行からすべての預金を引き出すべきかと考える人もいるが、それは別のリスクを抱えることになり悪手だ（詳しくは「心得三」で触れる）。

資産防衛において、完璧を求めるのは愚かなことである。たとえば家を建てる時、津波が怖いからと山間に引っ越しても、土砂崩れに遭うかもしれない。高台の平地を選んでも、断層帯が走っていて地割れに見舞われるかもしれない。こうしたことを過度に気にし過ぎても仕方がないし、そもそも日本は火山大国で、どこでもそうした災害のリスクが付きまとう。むしろ、そうした出来事が起きることを想定し、それでもダメージを最小限にする方策を考える方が賢明というものだ。

心得二　海外なら安全、という考えは捨てよ

私の書籍を何冊かお読みになった読者の方には、私が国家破産対策や恐慌対策で「海外の活用」を強く推奨していることをよくご存じの方も多いだろう。

さらには、すでに海外に資産を移して対策を進めているという方も少なくない

と推察する。そこで、「海外も安全ではない」などと言えば、前述した通り「浅井隆はさんざん海外と言っておいて、ここで手のひらを返すのか!?」とお怒りの方もいらっしゃるかもしれない。そうした誹《そし》りを受けることは重々承知の上で、あえて言おう。今まで信頼に足り得ると目されてきた海外の金融機関にも、倒産による資産消失リスクには十分警戒すべき時代に入ったと。

海外金融機関は、日本の国家破産に伴う徳政令のリスクや、ハイパーインフレによる円建て資産毀損のリスクを避ける意味で極めて有効である。この点についてはは今後も何ら変わることはなく、そのため海外口座を保有し続ける意味はこれからも大きい。しかし、だからと言って過度の信頼や期待を持つことは決してあってはならない。リーマン・ショック以降、欧州の銀行はたびたび経営危機がささやかれ、特に南欧では公的資金注入などの話が何度も持ち上がってきた。当然、こうした脆弱な銀行であれば、たとえ海外銀行であっても信頼する人は少ないだろう。

しかし、たとえばアメリカやオーストラリア・ニュージーランドなどオセアニア圏、あるいはアジアでもシンガポールや香港の、しかもシングルA以上の高格付け銀行については大きな信頼を寄せているという人も多いのではないだろうか。かくいう私もかつてはそう考えていた。特に、ニュージーランドとシンガポールの銀行は極めて安全性が高く、資産保全には最適であると長年確信してきた。

だが、このところの不動産バブルと家計債務の累積、そして近年の現地の経済状況をつぶさに観察するにつけ、私はそうではないとの結論に至った。今まで高い信頼を寄せてきたニュージーランド、シンガポールの銀行といえども、決して盤石ではないどころか、むしろ日本のメガバンクと同様に深刻な経営難に陥り、最悪倒産するリスクを想定する必要があるということだ。

しかも、ニュージーランドについては日本と異なり預金保護の仕組みがないため、最悪の場合、本当に一円も戻ってこないということすらあり得る（ちなみに、シンガポールもシンガポールドル建て預金には預金保護があるが、米ドルや日本円建ての預金は保護対象外である）。

もちろん、海外銀行の倒産が確実に到来するわけではないし、国家が何も面倒を見てくれないということも想定はしづらい。しかし、こうした現状とリスクは冷静に受け止め、合理的な判断を下す必要がある。資産防衛は、願望や期待で行なうのではなく、冷徹な状況分析と論理的な判断の上にのみ成り立つ。状況の変化を受け止め、しかるべく冷静な判断と行動を心掛けたい。

心得三　卵を一つのカゴに盛るな

国内、海外いずれにおいても、いかに高格付けで盤石な経営を行なっていると目される銀行であっても、倒産そして資産消失のリスクはつきまとう。となると、具体的にどうやって資産防衛をするのが良いのかと途方に暮れてしまうだろう。そこで出てくるのが、三つ目の心得「卵を一つのカゴに盛るな」だ。

資産運用の世界では、この原則は極めて普遍的な心得であるが、銀行倒産時代にも非常に有効な考え方となる。この考え方の根幹を逆説的に言うと、「資産を守りたいなら多少の損失は覚悟せよ」ということになる。すべての卵を割らずに守る、ということを考えるのではなく、最悪一つでも良いから守り切るという発想だ。鳥が卵を複数生むのは、割れたり天敵に食べられたりしても最低一羽が成鳥になって種を繋ぐためである。途中で失われる命は生き延びて種を繋ぐ命のために必要なもので、そこに余分な感傷が付け入る余地はない。

同様に、資産を守り繋ぐのならば多少の犠牲、つまり損失を勘定に入れて対策しなければならない。もちろん、分散した資産をわざわざ危険なところに置いておく必要はない。相対的に安全と思われるところに複数分散しておき、それでもいくつかがダメージを受けた場合、残りが守られることを狙うのだ。

さて、先ほどすべての資産を現金化して自宅保管するのは悪手であると話した。これはまさに「卵を一つのカゴに盛る」ことになるからだ。自分の手元で全資産を保全するのは、一見とても安心なように思える。しかし、仮に資産三○○○万円の人がすべてを「手元現金」にしたら、心許なくて夜も寝られなくなるだろう。強盗に入られて盗られるかもしれず、火事で焼失するかもしれない。身内が勝手に持って行かないかと疑心暗鬼に駆られるようにもなる。

「手元」というカゴにすべての「卵」があるのだから、運良く守り切れれば損は出ないが、そのために著しく疲弊した生活を送る羽目になる。これでは完全に「カネの奴隷」だ。カネに支配され、カネのために生きるようなもので、本末転倒、もはや笑い話にもならない。

資産とは、あくまでも人がより良く生きるための「道具」である。執着し過ぎず、適切な距離を保って上手に管理することが重要だ。そのためには、全面的には信用できないもののそれなりに使える金融機関など、「他人」を上手に使うことが肝心である。

誰でもできる資産防衛の具体策

主だった心得について見てきたところで、いよいよ具体的な防衛策について見て行こう。といっても、それほど難しいことではない。現在の銀行の仕組みやサービスなどをきちんと理解している人であれば、すぐにでもわかって取り組めるものばかりである。

具体策一：ペイオフ上限で分散

まず、「心得三」を具体的に実践することだ。複数の銀行に口座を設け、資産を分散して預けるということだ。また、日本の預金保護制度では一行当たり一〇〇〇万円までのペイオフ（預金保証）枠が設定されている。この制度では「預金保険機構」という機関が倒産した銀行の預金者への預金支払いを保証しており、国内の銀行は必ずこの制度に入らなければならない。したがって、ほとんどの銀行で一〇〇〇万円は保証される。この制度を利用し、各行への預け入れを一〇〇〇万円以下に抑えておくことが賢明だろう。

ただし、これも一〇〇％万全というわけではない。銀行が連鎖倒産するような究極事態では、機構がすべての預金者を救済できなくなる事態も想定されるからだ。また、外貨預金や譲渡性預金などは、預け入れ総額が一〇〇〇万円に収まっている場合でも保護の対象とはならないことに注意が必要だ。

また、制度上の注意点とは別に、資産を分散管理する上での基本事項にも注意したい。資産を複数の銀行に預け入れると言っても、あまり多くの銀行を使うのはいただけない。確かに、分散すればするほど生き残る確率は上がるが、その分管理は煩雑になる。自分でどこに預けたかわからなくなり、そのまま忘れ去ってしまうのではそもそも対策する意味がなくなる。「まさか、大切な資産を預けた口座を忘れる人がいるのか⁉」とお思いになるかもしれないが、実際にそういう例を私は何人も見てきた。自分で管理しきれないものは、持っていないのと一緒である。何事も程度をわきまえて上手に対策したい。

具体策二：当座預金、決済専用預金を活用する

実は、ペイオフ制度には無制限で全額保護される預金も存在する。それが「当座預金」と「決済用預金」だ。

当座預金とは、主に企業や個人事業主が業務上の支払いに利用する預金だ。小切手や手形を発行でき、その支払いには当座預金のお金が使われる。また、

利息が一切付かない代わりに、全額預金保護対象となるというものだ。

一方の「決済用預金」とは、「無利息」「いつでもおろせる」「決済サービスに利用できる」という性質を持つ預金のことだ。このうち、「決済サービスに利用できる」というのは、公共料金や税金の引き落とし、カード払いの決済口座として使えるという意味だ。三井住友銀行では「決済用普通預金口座」、みずほ銀行では「普通口座（無利息型）」など、銀行によって少しずつ名称が異なる。

当座預金、決済用預金いずれも個人でも開設はできるが、難易度は当座口座の方がはるかに上だ。当座口座開設には登記簿謄本や印鑑証明が必要となる他、過去の銀行との取引履歴や口座開設の必要性の確認、さらには面接を行なうなど銀行側がかなり厳しい審査を行なうことになる。また、もし小切手や手形を切っておいて、期日に当座預金の残高がない場合「不渡り」となり、これを半年間に二回繰り返すと銀行取引停止という重い処分が下る。

そもそも個人では手形や小切手を切る必要はほとんどない上、こうした煩雑な手続きを経て口座を保有しても全額預金保護というメリットしかない。一方の決済用預金は誰でも簡単な手続きで開設でき、さらにすでに保有している普通預金を決済用に切り替えることもできる。もし、個人で全額預金保護を目指すなら、決済用預金を活用するに限るだろう。

具体策三：証券会社の活用

資産の預入先は、必ずしも銀行だけとは限らない。証券会社を活用する手もあるのだ。証券会社といえば、株や投資信託を買うところというイメージだが、こうした証券や証券を買うための預入金は「分別保管」という方法で証券会社自身の資産とは分けて管理されることが義務付けられている。

つまり、証券会社の場合は破産しても預けている資産に影響はなく、すべて返還されることになるのだ。

とは言っても、中には何らかの理由で預入資産が返還できなかったり、毀損したりといったことが起こり得る。そのため、こうした事態に備えて投資者保護基金によって最高一〇〇〇万円が補償される仕組みが用意されている。つまり、考えようによっては銀行よりも証券会社の方が倒産リスクに対して強いということができるのだ。

さらにもう一段踏み込むと、銀行倒産時代という激動期にはそれを逆手にとって資産を倍増させるチャンスも到来する。その窓口となるのが、証券会社だ。となれば、より積極的に活用を検討した方がよいだろう。

しかし証券会社活用には、一点注意点がある。野村、大和、三菱などのいわゆる「五大証券」をはじめ、店舗や営業マンを抱える従来からの証券会社の場合、ある程度の資金を預け入れると頻繁に営業をかけられることとなる。「今株が買い時だ」「お勧めの投資信託がある」「高利回り債券がチャンス」といった話が次々と持ち込まれ、頻繁に売り買いさせられるといった例も多い。

それでも、多少利益が取れるなら良いが、中には売買手数料ばかり取られ、さらには買い換えるたびに損失となるといったこともまれではない。鋼《はがね》の心で営業トークを断る自信がある人はいいが、押しに弱い人などはこうした証券会社は避けた方がよいだろう。

その点、二〇〇〇年代から台頭してきた「ネット証券」は、手数料体系も安く営業がほとんどかからないので、自分のペースで落ち着いて取り組める点がメリットだ。パソコン・スマホを使って自身で操作をする必要はあるが、ハッキリ言ってこれは「慣れ」の問題である。

余談であるが、私はこうした電子機器を今まで一切使ってこなかった。しかし、一年ほど前に一念発起してタブレット（画面の大きいスマートフォンのようなもの）を使用しはじめた。はじめこそ操作に戸惑ったが、今では会社のスタッフにも頼らず出張先や海外にまで持ち歩き、日々証券会社とやり取りしている。所詮は道具であるから、きちんと使い方を覚えれば誰でも使いこなせるし、車や自転車と違って大けがをしたりさせたりという心配もない。大切な情報を扱うため気を付けるべき点はもちろんあるが、そうしたことも含めて挑戦する価値は大きい。

これからの時代、使えるものはなんでも使うべきだし、また自分の可能性を広げるためにも労を惜しむべきではない。

具体策四：海外銀行をどう活用するか

「心得二」で海外銀行も決して安全ではないという話をしたが、だからと言って海外口座に預けた資産をすべて引揚げてくるのも考え物だ。日本に資産を集約させ、その後銀行の倒産に遭って資産を失ったのでは元も子もないからだ。では、どのように活用すべきだろうか。

まず、もしあなたがこうした海外口座を保有しており、資産全体に対してある程度まとまった額を預け入れているのであれば、その割合を大きく減らすべきだ。特に、近年中に到来するであろう金融危機と恐慌相場においては、相対的に見てまだしも日本の金融機関、そして日本円の方が資産保全の可能性は高いと考えられる。

もちろんこれは、あくまでもニュージーランドやオーストラリア、シンガポールなどと比べて日本が「相対的にマシ」という程度の話であるが、日本国内であれば海外に比べて資産を機動的に動かしやすいという点も見逃せない。

場合によっては、銀行の最低預入額を残して残りは引揚げてくるという方法もアリだろう。ただ、海外口座自体は可能な限り維持しておいた方が良い。いずれ日本が国家破産状態となった時、海外口座の有無は資産防衛において「死活的」ともいうべき差を生む可能性があるからだ。

先進諸国の金融機関は外国人の口座開設や資産受け入れに消極的になってきているが、さらに世界経済が厳しい状態となると、新たな海外口座開設ができなくなる可能性も十分考えられる。せっかく開設した海外口座を今閉じてしまうことで、将来の資産防衛の選択肢を潰すのは極力避けた方が良いだろう。

銀行によっては、預入残高が最低限度を下回ると結構な額の口座維持手数料を取られる場合もあるため、一概に口座維持を推奨するものではないが、資産総額と必要預入額、口座維持のコストを総合して判断するとよいだろう。海外口座を複数持っている方の場合、「心得三」の考えに基づいてバランス良く資産分散するように組み替えると良いだろう。いずれの口座もせっかく開いたものであり、将来の活用の道を考えれば口座自体を維持する方が望ましい。

一方、まだ海外口座を一つも持っていないという方は、なるべく早めに口座

良い海外口座の条件

1. 国、銀行の健全性

2. 口座開設条件が高すぎない

3. 日本語での対応サービスがある

4. イザという時専門家のサポートが受けられる

を保有することを検討すると良いだろう。もちろん、資産総額が多くない場合は必ずしも必要ではないが、国内銀行にペイオフぎりぎりで分散し、さらにもう一手を考える時には海外口座は非常に有効な選択肢になる。ニュージーランド、シンガポールの他、ハワイの銀行口座も内容としては良好である。

各行の詳細についてては割愛するが、海外口座については二四九ページの図にまとめたの四条件を満たすところが適切であり、私が知りうる限りでは上述の三ヵ所は十分に条件を満たしている。

具体策五：カードを複数持つこと

シミュレーションの中でも触れたが、銀行倒産時代にクレジットカードが使えるかには細心の注意が必要だ。クレジットカードは、銀行口座からの引き落としが前提である。引き落とし日までは信販会社が債務を肩代わりしている状態であるが、その間に銀行が潰れ預金が消失すれば「取りっぱぐれ」となり、信販会社が焦げ付いてしまう。そうなれば、一時的にせよカード利用が停止となる事態は容易に想像できよう。同様に、デビットカードもクレジットカードに準じて利用が困難になる可能性がある。

同じカードでも、交通系カード（Ｓｕｉｃａやｌｃｏｃａなど）のようにプリペイド式のものは、カード自体に一定額がチャージされそれを使う形となるため、使い切るまでは通常通り使える可能性が高いだろう。また、海外口座に紐づいたクレジットカードやデビットカードは、その銀行での入出金が問題なくできる状態なら使うことができるだろう。

したがって、国内銀行口座、海外銀行口座のそれぞれに紐づくクレジットカード（またはデビットカード）、プリペイド式のカードを複数持っておけば、イザという時の現金以外での支払いにも十分対応できるだろう。

ただ、これもやり過ぎには注意である。カードは保有・維持するにも年会費などのコストがかかることが多い。普段まったく利用しないものを何枚も持っていると、紛失しても気付かず不正利用の被害にも遭いやすくなる。使途をよく吟味した数枚のカードを持ち、日頃から少しでも利用することを心掛けたい。

現物資産で防衛する

ここまでは、国内外の金融機関に焦点を絞って資産防衛を見てきた。次に、現物資産での資産防衛について簡単に触れて行こう。

具体策六：キャッシュ

金融機関での資産の分散保全とは別に、資産を現金化して手元で管理することも有効な防衛策となる。取り付け騒ぎによる預金封鎖などの備えにもなるため、ぜひとも用意しておきたい。

ポイントは、一万円札などの大きな単位だけでなく一〇〇〇円札や小銭などもある程度用意しておくことだ。二〇一五年のギリシャでは、おつりが足りず非常に苦労した人々が多く出た。有事に損をしないためにも、細かいお金も用意しておくことをお勧めする。また、いわゆる「ブタの貯金箱」のような小銭貯金を行なっている人は、それを銀行などに持ち込まずそのまま持っておけば立派な預金封鎖対策になるだろう。

キャッシュにしておく割合だが、普通の人であれば生活費の三〜六ヵ月程度もあれば十分だろう。あるいは、全資産のうちの五％程度を目安にするという手もある。いずれにしても、あまり多額のキャッシュは保管・管理に不安が付きまとうため、ほどほどにしておくことをお勧めする。

現金の保管場所にも注意したい。もっとも恐れるべきは盗難と火災である。自宅保管でいずれにも対応するには、一トン級の「防盗金庫」と呼ばれるものが最適である。ただ、導入、設置のコストがバカにならないため、数百〜一〇〇〇万円以上の資産を常時保管する必要がある人向きだ。サイズの小さい「耐火金庫」を人目につかない場所に、さらに業者に依頼して簡単に移動できないよう固定設置してもらうのが良いだろう。

銀行の貸金庫に預けておくという手もあるが、銀行閉鎖や預金封鎖といった措置で貸金庫が開けられないというリスクも考えられる。できれば、銀行以外で信頼できる貸金庫や貸ボックスを利用し、自宅以外の保管場所も確保すると良いだろう。

具体策七：金《きん》

次に挙げられるのは金《きん》だ。私の書籍を何冊か読んだ読者の方にはもはや詳しく説明する必要はないかもしれないが、金《きん》は「有事の金《きん》」の言葉通り有事には価値を増す可能性が高い。銀行倒産時代にも当然ながら極めて有効となるだろう。したがって、現金に準じる資産として全体の一、二割程度まで保有することをお勧めする。

ただ、金《きん》にも現金同様にいくつかの注意点がある。まず、金《きん》は基本的に現物保管が前提である。最近では、純金積立や業者の金《きん》保管サービス、また金《きん》のETFや投資信託など、いわゆる「ペーパーゴールド」（金《きん》の保有証書を持つ意味）の形もかなり普及している。しかし、こうしたモノは何らかの事情で現金化や現物化が困難、あるいは不利になる可能性を秘めている。銀行倒産とは直結しないかもしれないが、その後たとえば国家破産になった時には現物に替えられない、没収対象になりやすいなどの懸念点が多い。

現物で手元保管する場合、キャッシュと同様に保管場所を慎重に選ぶことも重要な点だ。また、地金で保有すると換金時にかなり高額となり取り回しが悪いため、コインなどの小さい単位でも保有した方が良い。

買い方としても、一度にまとめて買うのではなく、少量を時期を分けて買った方が良いだろう。金《きん》相場は様々な要因で動いているため、買付け時がちょうど割高局面ということも起こり得るためだ。分散買付けしておけば、その間の平均価格に近い値段で買付けができるため、割高を避けることができる。

具体策八：ダイヤモンド

さらに、もう一つ現物資産に触れておこう。ダイヤモンドだ。ただし、キャッシュや金《きん》とは少々性質が異なる資産クラスになるため、余裕資産がある程度ある方はぜひ検討して欲しい。

まずダイヤモンドの利点だが、金《きん》やキャッシュと比較しても小さく持ち運びがしやすく、金属探知機などにも引っかからない。海外に持ち出す際にも非常に携帯しやすい点は魅力だ。また、国家破産時のような究極の事態になっても、金《きん》のように捕捉・接収される危険は非常に低い。こうしたことを考慮すると、金《きん》をある程度保有している人がさらに補完的にダイヤモンドを持つという方法が適切だろう。目安としては全資産の一割程度が妥当だ。

ただ、ダイヤモンドにも注意点はある。まず、金《きん》とは異なり公開された市場や標準的な市場価格がない。もちろん、ダイヤモンドは市井の宝飾品店や百貨店でも買えるのだが、こうしたところでは基本的に趣味の品としての取り扱いとなるため、仮に非常に良いものを買っても売却時には数分の一、最悪の場合は二束三文のような値段を提示される可能性すらある。そうなってしまうと、もう資産防衛の役にはまったく立たない。

しかし、専門業者などのプロの世界にはダイヤモンドのルース（カット加工ずみで宝飾品になっていない石のみのもの）を売買するオークションがあり、そこには標準的な価格も存在するのだ。一般の個人客がアクセスすることは至難だが、業者を通じてオークション市場にアクセスできれば、標準的価格に準じた近い価格で買付け・売却を行なうこともできるのだ。こうした業者をうまく味方に付けられれば、ダイヤモンドは資産防衛の手段として大いに役立てられる。

繰り返すが、間違ってもデパートや宝飾品専門店で買ってはいけない。ダイヤモンドの選び方やどこで買うのかについては、拙書『有事資産防衛　金か？ダイヤか？』（第二海援隊刊）に詳しく解説しているのでぜひ参考にして欲しい。

また、保管にも注意が必要だ。超高温や低温下での保管は消失や劣化の原因となるため厳禁だ。さらに、ダイヤモンドは小さく軽く、探知器にも引っかからないため、思いの外簡単に紛失してしまう。笑い話のようだが、数百万円のダイヤモンドを自宅のリビングでなくすなどということも、ダイヤモンドの業界関係者には「あるある」な話である。保管に際しては、金《きん》に準じて適切な場所を選びたい。

番外：美術品・骨董品など

現物資産として、美術品や骨董品などの有用性を尋ねられることも多いが、ハッキリ言って私はこうした物に「資産防衛」としての価値をほとんど感じない。「資産価値」がないと言っているのではない。素晴らしい美術品の中には、百年単位の時代すら超えて価値を保ち続ける、「人類の至宝」というべきものがあるのは確かだし、なにより私自身が世界中を旅する中で様々な美術品を買い求めるのが好きだ。

しかし、それと「資産防衛」の役に立つかという話はまったく別だ。資産防衛の役に立つ物とは、一定の換金性、それも買付け価格に相応する売却価格が付くものでなければならない。金《きん》は市場が確立しており、その価値はある程度裏打ちされている（もちろん相場変動はある）。ダイヤモンドに関しては、オークション市場を通じてプロ向けの標準価格が確立されており、さらに将来的には標準的な取引市場が確立される可能性もある（代表例として、「冒険投資家」ことジム・ロジャーズが、シンガポールでその取引所設立に関与している）。

一方、美術品や骨董品はそれ自体が「一点もの」であり、オークションで取引はされるものの実質的には完全に相対取引の世界であるため、換金性がほとんど担保されない。イザ現金化という時にまったく買い手が付かず、結局は泣く泣く二束三文で手放すなどということにもなりかねない。一部の焼物や木版画のように、量産されそれに一定の価格が付けられているものならともかく、一点ものの絵画や工芸品などは到底「資産防衛」を当て込んで活用できるものではない。こうした物はあくまでも「趣味」として鑑賞し、満足するのが正しい用途であろう。

攻めの姿勢が資産保全に役立つ！

銀行倒産時代の資産防衛策について、ざっと見てきた。率直に言って、この辺りまでの対策は比較的取り組みやすいものばかりであるため、本書を読み進めた読者の皆様にはぜひひともしっかり実践し、備えを固めていただきたい。

さて、ここからはサバイバルをもう一歩先に進める話に移ろう。それは、「ピンチを逆手にチャンスをつかむ」という話だ。「心得三」で、資産防衛とは多少の損失を覚悟して全損を防ぐという話をしたが、これは資産をもっぱら「守る」ことを主眼にした考え方だ。サッカーなどのスポーツで言えば、「失点を最小限にする」という話である。この観点では、どんなに鉄壁の守りを固めようとも、ワールドクラスの対戦相手に一失点も許さないということは現実的には無理だろう。当然、「攻め」の作戦を実行し、得失で相手を上回ることが勝利の条件となる。同様に、資産の防衛も「守り」のみならず「攻め」の作戦を持っている方が選択肢に幅が生まれる。

さらに、激動の時代となれば守りを固める以上に攻めによって得られる成果が大きくなる可能性も高まる。銀行倒産時代とは、すなわち大恐慌時代である。恐慌時にはあらゆるものの値段が暴落すると言われるが、実は必ずしもすべてのモノの値段が下がるわけではない。乱暴に言えば、ほとんどのモノが暴落する中で、ごく一部のモノは暴騰する相場、そしてその振幅が平時には考えられないほど極大化するということである。

「資産家は恐慌時に生まれる」という言葉があるが、この極大相場のビッグウェーブを乗りこなせれば、大資産家への道が待っているのである。特にこれからの経済的激動は、間違いなく人類史上最大のものの一つとなるだろう。こんな絶好の機会を使わない手があるだろうか⁉

もちろん、こうした「攻め」の資産運用には知識や経験が必要となるし、短期的には運用損を抱えることもある。社会環境や性格によっては、そうした「攻め」に向かない人も実際にはいる。しかし、だからと言って「攻め」を諦めるのはあまりにももったいない。本書の読者の皆様には、ぜひとも「攻め」の運用についても真剣に検討していただき、チャンスをモノにしていただきたい。

武器を選ぶことの重要性

では、激動の時代に何を持って挑むべきか。私は長年の経済トレンド研究を通じ、国家破産や大恐慌といった経済の極限状況をつぶさに見てきたが、この時期に資産を大きく殖やすには「武器選び」、すなわち何を投資対象にどう挑むかが非常に重要である。

一九九〇年代前半に英ポンドの売り浴びせで莫大な富を築いたジョージ・ソロスや、リーマン・ショックの暴落を的中させたカイル・バスなどは、非常に多彩な投資手段を駆使するが、だからと言ってそれは私たち一般人がマネできるものではないし、まず彼らが投資している市場には一般人がアクセスすることすらできない。彼らが使うのは機関投資家やプロ向けの市場で、最少投資が億単位という世界だからだ。

もっと言えば、一般的に個人が取り組める投資対象にも、それぞれに特徴があり、人によって向き不向きがある。そうしたことをよくよく吟味して選択しないと、チャンスをモノにできる可能性は極めて低いものとなる。個人が取り組める代表的な投資対象について、その特徴を簡単に見て行こう。

その一：株

恐慌相場での株式投資は極めて難しいものがある。基本的に株は上昇する銘柄をうまく選定できるかが短期的なカギを握るが、恐慌相場では優良銘柄を含めて大半の銘柄が暴落する。したがって、この時期に株に取り組むのは悪手である。相場が底打ちし反転上昇するまで待てば、株にも大きなチャンスが到来するが、それは一サイクル後の話となる。ただ、銘柄によっては少額から投資でき、モノによっては一〇倍程度のリターンを得られる点は魅力的だ。

その二：不動産

不動産は、ハッキリ言ってこれからの時代に不適である。恐慌相場では不動産も下落基調となる上、特に日本は少子高齢化、人口減少によって不動産需要は先細りして行く。一部の外国人観光客需要が見込めるところは上昇やインカム収入が期待できるが、それ以外は手出ししない方がよい。

また、不動産投資は他の投資に比べて多くの原資が必要（数千万〜億）となり、じっくりと長期で取り組む必要もある。賃貸経営のようなものの場合、収支状況を見ながらいろいろとメンテナンスをする必要もあり、それなりの労力がかかる。ある程度資産に余力があり、不動産関係の人脈も豊富という人向けと考えるべきだろう。

ただし、最近は一〇〇円くらいの小口で投資できる共同投資商品も登場してきた。そういうものの中には、外国人に人気の京町屋再生への投資などもあり、不動産にご興味のある方にとっては一考の余地があるだろう。

その三：投資信託、ファンドなど

投資信託、特に日本のそれは、短期的には壊滅的な状況が想定されるため、絶対に手出しすべきでない。買付け単価も小さく、また最近では証券会社のみならず銀行などでも取り扱っているため比較的簡単に購入できるが、メリットと言えばそれぐらいで、攻めの運用など到底期待できない。

海外のファンドについては、銘柄や運用戦略によっては大きな結果を期待できる。具体的には、「マネージド・フューチャーズ」（ＭＦ）と言われる戦略のファンドは、恐慌局面を逆手に収益を上げる期待が高く、有用である。ファンドの運用は、銘柄によって異なるが一般的には年率数十％程度が限界となる。ただ、数百万円程度から取り組むことができ、プロの運用にお任せできる点は魅力だ。また海外ファンドは国家破産対策にも大いに期待できるため、資産の一部をこうしたものにしておくことはお勧めだ。

なお、海外ファンドは確かな情報を入手し専門家の知識を借りながら取り組むとよい。私が主宰する「ロイヤル資産クラブ」「自分年金クラブ」では、海外ファンド投資に関する詳しい情報と助言を行なっている。関心がある方はぜひ、お問い合わせいただきたい。

その四：仮想通貨（暗号資産）

二〇一七年に一大ブームが到来し、一躍注目を集めた仮想通貨（暗号資産）だが、その後は大きく資産価値を落としている。ただ私は、長期的に見ればこの領域は投資対象として大きなポテンシャルを持っていると見ている。

とはいえ、恐慌相場に手出しすべきかどうかについては非常に慎重な判断が必要だろう。仮想通貨にもいくつか主要銘柄があるが、次の激動期にこれらがどう変化するかは非常に見通しづらい。預金封鎖が実施された国では、仮想通貨に資産逃避するという動きが短期的に起きるため、そこを投機的チャンスとして利用することはできるかもしれない。

非常に少額から数千万～億単位でも投資は可能で、期待収益も数倍～数十倍程度は見込めるが、見通しを立てづらい難しい領域であるため、仮に取り組むとしても資産のごく一部に留めるべきだろう。

その五：先物、信用取引

先物、信用は「売り建て」から入ることができるため、恐慌時の暴落相場には一見有効に見える。しかし、この二つは素人が恐慌時には絶対にやってはいけないものである。狙い通りに暴落局面のみ売り建てできれば問題ないが、恐慌相場はそんなに単純なものではない。すさまじい下げの直後に反転暴騰があり、そしてさらに暴落するというような予想外の動きを繰り返す。

仮に「売り建て」時に反転暴騰が直撃すれば大きな損失が出るが、もし実際に差し入れている証拠金を上回る損失となれば、「追証」が発生することになる。投資した金額以上に支払わなければならない危険があるのだ。

さらに、先物や信用はレバレッジがかけられる（日経平均先物は三〇倍近く、株の信用取引は約三・三倍まで）。得られる利益が大きくなるかわりに、損失幅も大きくなるのだ。先の見えない恐慌相場にそんな危険な方法で挑めば、間違いなく瀕死の重傷を負うだろう。

究極の投資「オプション取引」

では、どんな投資方法が取り組むに値するのだろうか。私は、二五年以上も前に教えられた、ある「衝撃的な投資」が来たるべき次の大恐慌に際して強力な武器になり得ると確信している。しかも、この投資方法は一般の人がこれからはじめても恐慌相場までに間に合わせられて、かつリスクも管理できる優れた方法である。その究極の投資とは「オプション取引」である。

耳馴染みの薄い人たちもいるかもしれないが、オプション取引は日本でも市場ができてから約三〇年の歴史を持っている。大阪取引所に「日経225オプション」「TOPIXオプション」「JPX日経400オプション」の三つが上場されており、毎日取引がされている。この中で一番取引が厚いのが「日経225オプション」で、オプション取引用の口座を証券会社で開けば誰でも取引に参加できる。では「オプション取引」とはどんなものなのか、株や先物と比較しながら非常に簡単に説明しよう。

まず、株式投資だが、これはある銘柄を安く買い、高く売ることで利益を目指すという投資だ（この他に配当を得ることで収益を目指すこともできるが、ここでは話の単純化のため割愛する）。言い換えれば、株は基本的に安い局面で買い高くなったら売るという方法しかない、ということだ。

それぞれの取引方法の数と期待可能な収益機会

	取引方法の数	期待可能な収益機会
現物	**1つ** ・現物の売買	**安い時に買い、 高い時に売って 利益が出る**
先物	**2つ** ・売り建て ・買い建て	**上昇しても 下落しても 売買方法によって 利益が出る**
オプション	**4つ** ・コールの買い ・コールの売り ・プットの買い ・プットの売り	**1.「コールの買い」 上昇で利益 （収益が無限大、損失は限定的） 2.「コールの売り」 下落で利益 （収益は限定的、損失は無限大） 3.「プットの買い」 下落で利益 （収益が無限大、損失は限定的） 4.「プットの売り」 上昇で利益 （収益は限定的、損失は無限大）**

次に先物取引は、安い局面で買い高くなったら売る、という取引の他に、「高い局面で売り建てし、安くなったら決済買（買い戻し）する」という、通常とは逆の方法でも収益を狙うことができる。つまり、相場が上昇していても下落していても収益を取る方法があるということだ。なお、株の信用取引もこれと同じことができる。

そしてオプション取引だが、先物よりさらに収益機会が多い点が特徴だ。相場が大きく上げても下げても収益を取ることができる他、相場があまり上下しない局面でも収益を得ることが可能なのである。その秘密は、オプション取引の「四つの取引方法」にある。オプション取引では、ある取引対象を直接売買するのではなく、「買う権利」「売る権利」を売買する。「日経２２５オプション」取引で言えば、日経平均をある値段で「買う権利」や「売る権利」を売買するのである。すると①「買う権利」を買う、②「買う権利」を売る、③「売る権利」を買う、④「売る権利」を売るという四つの取引ができることになる。

非常に大まかにいうと、①の取引では日経平均が大きく上昇すれば利益、そうでなければ権利の額だけ損、②では日経が上がらないか下がれば権利の額だけ利益、大きく上昇すればそれに応じた損、③では日経が大きく下落すれば利益、そうでなければ権利の額だけ損、④では日経が下がらないか上昇すれば権利の額だけ利益、大きく下落すればそれに応じた損、ということになる。

ここで注目したいのは、それぞれの権利を買う取引は、権利の買付け額分しか損をしない代わりに、期待通り日経平均が上昇（もしくは下落）してくれればそれに応じた利益が得られる、という点だ。つまり、「買う権利」「売る権利」の買い建てでは損失が限定されており、かつ市場が大きく動く局面では非常に大きな利益を取ることもできるのである。

では、具体的にどの程度の利益が期待できるのか。二〇〇八年のリーマン・ショック時には、九月初旬の日経平均が一万二八〇〇円台だったが、一ヵ月ちょっと後の一〇月一〇日には八二七六円と四五〇〇円以上も下げた。この間、もっとも高騰した「日経225オプション」のある権利は、なんと一円↓一二五〇円（一二五〇倍！）にもなっている。

また、私が「オプション取引」のすさまじい威力を初めて知ったのは一九九二年八月の日経平均の反転急騰時であるが、この時急騰した銘柄は五円↓二〇〇〇円（四〇〇〇倍！）という価格を付けている。このように、相場が急変する局面ではオプションの買い建てで大きな収益が期待できるのだ。

しかも、こうした権利は非常に小さい投資額で買うこともできる。「日経225オプション」は、表示されている価格の一〇〇〇倍が取引単位となる。したがって、一円や五円の権利とは、一〇〇〇円や五〇〇〇円で買うことができるのだ。たとえば、リーマン・ショック時に前述した「大化け銘柄」を仮に一〇万円分買っていた場合、一億二五〇〇万円にもなった計算となる。

オプション取引で決してやってはいけないこと

このように、オプション取引は誰でも少額からはじめられ、しかも相場激変では莫大な収益が得られるという非常に魅力的な世界であるが、しかし絶対に

オプション投資の魅力と注意点

1. 日本国内で誰でも取り組める

2. 比較的少額から取り組める

3. 原資の数百倍（数倍ではない！）という莫大な利益を得ることもできる

4. その一方で損失は投資額までに限定できる

5. 市場が荒れるほどチャンスも大きい

売り建ては決してやらないこと！
（信じられないほど莫大な損失のリスクあり）

踏み込んではいけない領域がある。それは、「買う権利」「売る権利」いずれも売り建てをしてはいけないという点だ。

実は、オプション取引を勉強し実際に取引しはじめると、ある「危険な誘惑」にかられるようになる。それがこの「権利の売り建て」なのだ。先ほど、市場が激変している時に買い建てが大きな収益を上げることに触れたが、実はオプションの売り建てはその反対で、「市場がそれほど変化しなければ少ない利益をコツコツ取れる」取引なのだ（高校数学で言う「対偶」の関係）。

つまり、毎日相場と向き合っていると、売り建てしている方がちょっとずつでも手堅く儲かるため、魅力的に感じてしまうのだ。実際、私が知るプロの投資家でも年間で億単位の収益を「オプションの売り」で稼いでいる人がいる。しかし本当に恐ろしいのは、コツコツと積み重ねた収益が相場急変で一瞬にして吹き飛び、さらにそれをはるかに上回る損失を被るということなのだ。

それはプロと言えど起こり得ることで、数年に一度の相場局面で莫大な借金を抱え、その後行方不明になったり相場から姿を消したという話を私も山ほど

オプション投資 買い建てと売り建ては正反対

買い建て

相場急変時に大きな利益	損失は投資額に限定	相場急変局面は相対的に少なく、勝率は相対的に低い

↕

相場があまり動かなければ小さく利益	損失は相場急変時に大きく発生	相場は平穏な局面が多いため、勝率は高い

売り建て

聞いてきた。損失が限定されず、リスクのコントロールが特に素人には極めて難しいのがオプションの売り建てである。そのため、証券会社によっては売り建て取引ができない「買い建て専用口座」を用意しているほどである（なお、「買い建て専用口座」の方が開設審査は若干甘いようである）。オプション取引をこれからはじめようという方は、この点だけは十分に心していただきたい。

オプション取引の実践には最低限の準備が必要

ここまで「オプション取引」の魅力についてざっと説明してきたが、実はこれだけの知識でもって「さあ、今からオプション取引をはじめよう」ということはできない。オプション取引を行なうためには、今少し前提となる知識や知っておくべき用語、株や先物とも異なる値動きと収益の取り方など、習得しなければならないことが結構あるのだ。

拙書『１００万円を６ヵ月で2億円にする方法！』（第二海援隊刊）にて初学

者にもとにかくわかりやすくオプション取引の魅力と基礎知識を紹介しているので、関心がある方は超入門編としてぜひご一読いただくことをお勧めする。

また、実際に取引を行なうにあたっては、証券会社に口座を開設し、取引の仕方を習熟することも必要となってくる。実は、オプション取引は現在インターネット上での取引が主流となっているため、パソコン・スマホなどの基本操作に習熟することが必要なのだ。勝負の土俵に立つ前に、準備が必要なのだ。

とはいっても尻込みすることはまったくない。私は、今回のような千載一遇のチャンスをより多くの方に活かしていただきたいと考え、昨年一〇月に「オプション研究会」を始動した。オプション取引に必要な知識や技術を確実に習得し、投資タイミングの情報を提供する会員制組織だ。オプションの知識がゼロの方や、ネットの経験がまったくない方にも、スタッフが一から親身に指導し、習熟を全面的にバックアップしている。また、いざ相場急変が到来した後は、チャンス獲得の可能性を高めるべく投資タイミングの情報も提供する。

これからはじめようという方も、「オプション研究会」を利用すれば十分に恐慌相場までに準備することができるだろう。入会に当たっていくつか条件はあるが、もっとも重要な条件は「オプション取引を必ずやマスターする」というやる気である。「来たるべき一生に一度の大チャンスをモノにする！」という気概を持つ方にこそ、ぜひ「オプション研究会」の門を叩いていただきたい。

なお、日本のオプション市場の規模などから、この「オプション研究会」は定員を二〇〇名限定にしている。二〇一九年四月現在、すでに定員枠の九割超のご入会をいただいており、残席がわずかとなっている。大変申し訳ないが、定員に達し次第「早い者勝ち」で募集を打ち切り、その後は「退会者待ち」とさせていただくため、ご決断はお早めに行なっていただくことをお勧めする。詳細は、巻末にお知らせを掲載しているのでご参照いただきたい。

よく守り、そしてよく攻めよ

平成から令和に元号が変わり、ＩＴの進展などで世の中は加速度的に変化しつつある。社会のありようも否応なく変わって行く中で、今まで盤石と思われてきた銀行が次々潰れるかもしれないというのは象徴的なことであり、また歴史の必然でもあるのかもしれない。

となると、私たちも社会の変化に合わせて考え方を変え、資産に対する取り組み方も変えて行く必要があるだろう。特に、今までは通用してきた「資産を安全に守る」という考え方は、その前提となる銀行の信頼が揺らぐこれからの時代にはそぐわないものになるかもしれない。より機敏に、そして積極的に資産を動かす方が、結果的に資産を守ることにつながる、という考え方こそが、激動の時代にはよりふさわしいだろう。

本書を参考に、賢明なる読者の皆様にはご自身の資産への取り組み方を見直していただき、来たるべき時代をたくましく乗り切っていただくことを願う。

エピローグ

我々が歴史から学ぶべきなのは、人々が歴史から学ばないという事実だ。

（ウォーレン・バフェット）

邦銀発世界大恐慌に備える

歴史は繰り返すと言うが、あのリーマン・ショックから一〇年経って、また同じ亡霊が世界をのし歩きはじめている。その亡霊の名こそ「ＣＬＯ」である。

しかも今回の主役は、なんと日本の金融機関なのである。あのリーマンの時は邦銀はむしろ慎重で、一部の金融機関（農林中金など）を除いて大した損を出していない。しかし、今回はまったく様相が異なる。日銀の超低金利政策で干上がった各行は〝喉が渇いてさまよう難民〟のようにＣＬＯなる毒まんじゅうにおびき寄せられ、飛び付いた。

そしてタイミングの悪いことに、二〇一八年後半から世界中の不動産が下がりはじめ、株も変調を来たしはじめた。追い打ちをかけるように、トランプが習近平に貿易戦争をしかけた。世界のバブルは弾けはじめ、全世界が金融恐慌へ向かって突っ走りはじめた。

このまま行けば、邦銀が飲み込んだ膨大なCLOは次々に連鎖爆発し、あなたの大切な預貯金もろとも海のもくずと化すことだろう。そうならないうちに、他の者に先がけて素早く手を打とう。

こうした時は慎重過ぎるくらいでちょうど良い。耳を澄ませ、目を見開いて今起きつつあることを必死に知ろう。そして生き残ろう。私たちは今、前代未聞のパニックの寸前に生きているのだから。

二〇一九年五月吉日

浅井　隆

■今後、『10万円を10年で10億円にする方法』『2020年の衝撃』（すべて仮題）を順次出版予定です。ご期待下さい。

浅井隆からの重要なお知らせ

——恐慌および国家破産を勝ち残るための具体的ノウハウ

「オプション研究会」好評始動中!!

リーマン・ショックから一〇年。市場はすさまじい恐慌相場による教訓を忘れ、一部では溢れかえる金融緩和マネーの流入によってバブル経済を引き起こしつつあります。世界経済は次なる暴落局面に向けて着々とエネルギーを蓄えているかのようです。しかし、こうした相場大変動の局面は「オプション投資」にとっては千載一遇の大チャンスにもなり得ます。

このチャンスをしっかりとモノにできれば、サラリーマンは資産家に、そして小金持ちは大富豪になることすら夢ではありません。ただ、この好機をつかむためには、オプション取引の基本を理解し、暴落相場における収益シミュレーションを入念に行なって、いざコトがはじまった時にすぐさま対応できるよう準備を整えることが何より重要です。またこうした準備は、なるべく早いうちに行なうことが成功のカギとなります。

そこで今回、浅井隆自らがオプション投資の魅力と活用のコツ、そしてそれを実践するための基本から、暴落時の投資シナリオに至るまでの必要な知識と実践法を伝授し、そしてイザ大変動が到来した際は、投資タイミングに関する情報も発信する新たな会員制クラブ「オプション研究会」を二〇一八年一〇月一日に発足しました。募集早々からお問い合わせが殺到し、すでに第一次募集の定員一〇〇名については満員となりました。現在追加募集を行なっておりますが、情報の性質やオプション市場の規模などを考慮して、二〇〇名限定にて募集を締め切り、その後はウエイティングリストに編入とさせていただく予定です。その後時間をおいて第三次募集（八〇名程度）を行ないます。

ここで「オプション取引」についてご存じない方のために、ごく簡単にその

オプションとは

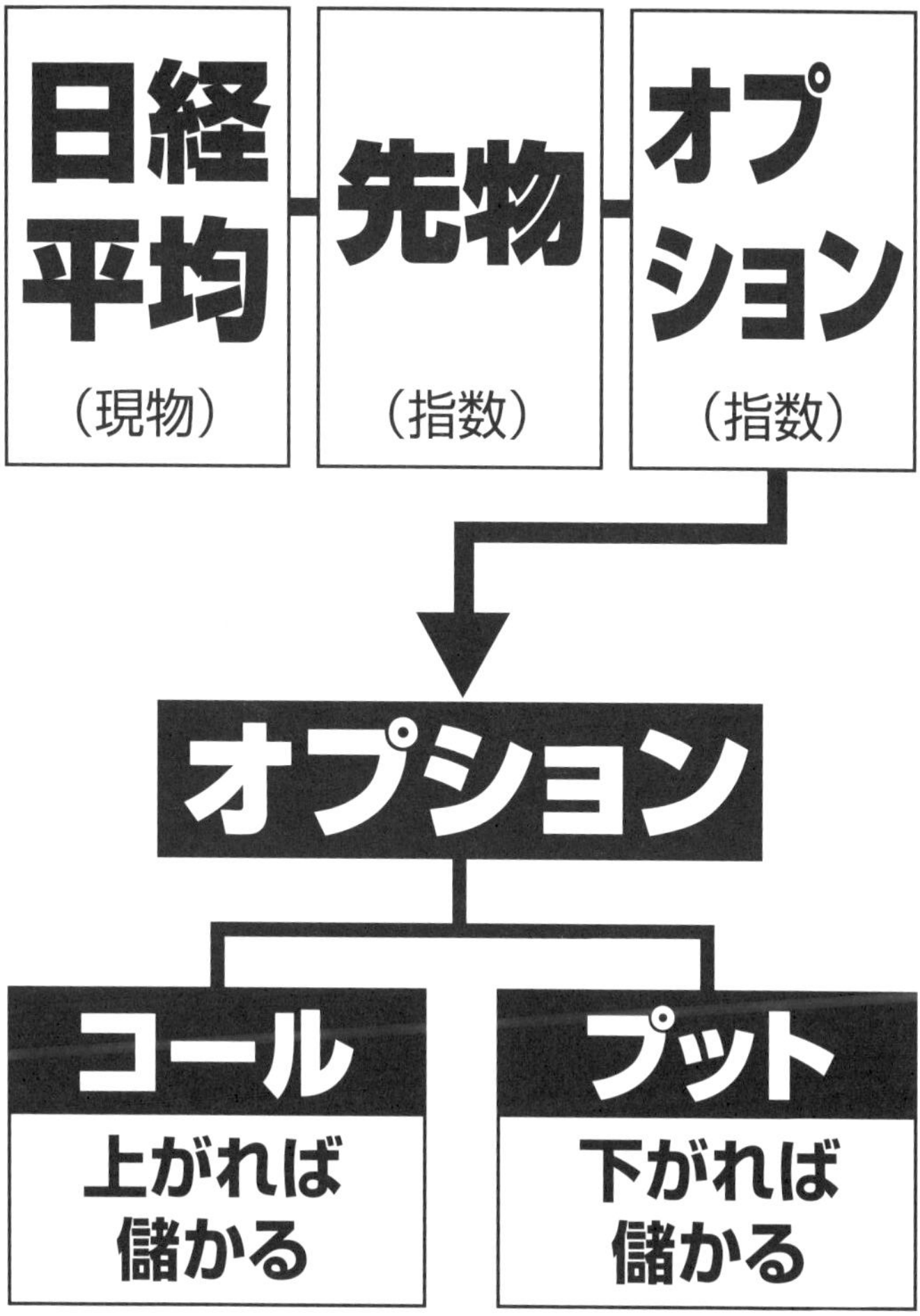
日経平均
（現物）
先物
（指数）
オプション
（指数）
オプション
コール
上がれば儲かる
プット
下がれば儲かる

魅力の一端をご紹介します。

まず、投資対象は大阪取引所に上場されている「日経平均オプション」という金融商品で、ある将来時点での日経平均株価を、あらかじめ決まった価格で「買う」または「売る」ことのできる権利を売買する取引になります。投資に少し明るい方や投資本などからは「リスクが高く難しいプロ向けの投資法」という指摘がありますが、これは「オプション取引」の一側面を説明しているに過ぎません。実は基本的な仕組みとリスクの高いポイントを正しく理解すれば、リスクを限定しつつ、少額から投資して資金を数十～数百倍にもすることが可能となる、極めて魅力的な投資法となるのです。

オプション取引の主なポイントは以下の通りです。

①取引を権利の「買い建て」に限定すれば、損失は投資した額に限定され、追証が発生しない（つまり損失は限定）

②数千もの銘柄がある株式投資と異なり、日経平均の「買う権利」（コール）を買うか「売る権利」（プット）を買うかなので、ある意味単純明快

③日本の株価がいつ大きく動くのか、タイミングを当てることが成否の最大のポイント
④給与や年金とは分離して課税される（税率約二〇％）
⑤二〇一九年後半～二〇二〇年、株式相場は大荒れが予想されるのでオプションは人生最大のチャンスになる！

「オプション研究会」では、オプション投資はおろか株式投資の経験もないという方でも、チャンス到来の時にはしっかりと取引を行なって収益機会を活用できることを目指し、懇切丁寧に指導いたします。もちろん、オプション取引は「誰でも簡単に投資し、利益を得られる」というものではありませんが、「一生に一度」にもなるかもしれない好機をぜひ活かしたいという意欲があれば、必ずやこのクラブを通じてオプション投資の基本を習得し、そして実践できるだけの力を身に付けていただけると自負いたします。また、大きな収益期待がある投資方法は、それに伴うリスクにも十分に注意が必要となりますが、その点についてもクラブにて手厚く指導いたしますのでご安心下さい。

ご関心がおありの方は、ぜひこのチャンスを逃さずにお問い合わせ下さい。

浅井隆が詳説！「オプション研究会」無料説明会DVD

オプションに重大な関心を寄せているものの、どのようにしてオプション投資にとりかかればよいかわからないという方のために、浅井隆自らがオプション投資の魅力と活用のコツ、そしてそれを実践するための専門的な助言クラブである「オプション研究会」の内容を詳しく解説した無料説明会DVDを頒布いたします（内容は二〇一八年一二月一五日に開催した説明会を収録したものです）。「書籍を読んだけど、今少し理解を深めたい」「浅井隆からのメッセージを直接聞いてみたい」という方は、ぜひこの機会にご入手下さい。なお、音声のみをご希望の方にはCDの頒布もございます。

「オプション研究会 無料説明会 受講DVD／CD」

（収録時間：DVD・CDとも約一六〇分）

価格：特別DVD……三〇〇〇円（実費 送料込）

CD……二〇〇〇円（実費 送料込）

※ DVD・CDとも、お申込み確認後約一〇日でお届けいたします。

「オプション研究会 無料説明会 受講DVD」に関するお問い合わせは、

㈱日本インベストメント・リサーチ オプション研究会 担当」まで。

TEL：〇三（三二九一）七二九一　FAX：〇三（三二九一）七二九二

Eメール：info@nihoninvest.co.jp

厳しい時代を賢く生き残るために必要な情報収集手段

日本国政府の借金は、先進国中最悪でGDP比二四〇％に達し、太平洋戦争終戦時を超えていつ破産してもおかしくない状況です。国家破産へのタイムリミットが刻一刻と迫りつつある中、ご自身とご家族の老後を守るためには二つの情報収集が欠かせません。

一つは「国内外の経済情勢」に関する情報収集、もう一つは「海外ファンド」や「海外の銀行口座」に関する情報収集です。これらについては、新聞やテレビなどのメディアやインターネットでの情報収集だけでは十分とは言えません。私はかつて新聞社に勤務し、以前はテレビに出演をしたこともありますが、その経験から言えることは「新聞は参考情報。テレビはあくまでショー（エンターテインメント）」だということです。インターネットも含め誰もが簡単に入手できる情報でこれからの激動の時代を生き残って行くことはできません。

皆様にとって、もっとも大切なこの二つの情報収集には、第二海援隊グループ（代表：浅井隆）が提供する特殊な情報と具体的なノウハウをぜひご活用下さい。

"恐慌および国家破産対策"の入口「経済トレンドレポート」

皆様に特にお勧めしたいのが、浅井隆が取材した特殊な情報や、浅井が信頼する人脈から得た秀逸な情報をいち早くお届けする「経済トレンドレポート」です。今まで、数多くの経済予測を的中させてきました。

そうした特別な経済情報を年三三回（一〇日に一回）発行のレポートでお届けします。初心者や経済情報に慣れていない方にも読みやすい内容で、新聞やインターネットに先立つ情報や、大手マスコミとは異なる切り口からまとめた情報を掲載しています。

さらにその中で恐慌、国家破産に関する『特別緊急警告』も流しております。「激動の二一世紀を生き残るために対策をしなければならないことは理解したが、何から手を付ければ良いかわからない」「経済情報をタイムリーに得たいが、難しい内容にはついて行けない」という方は、まずこの経済トレンドレポートをご購読下さい。経済トレンドレポートの会員になられますと、講演会など様々

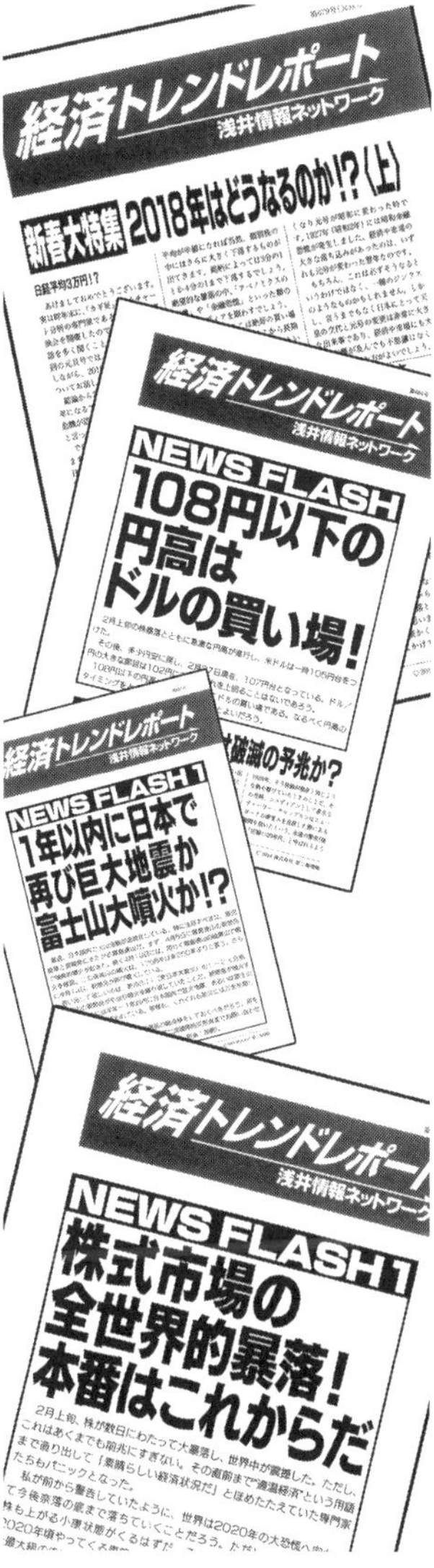

な割引・特典を受けられます。詳しいお問い合わせ先は、㈱第二海援隊まで。

恐慌・国家破産への実践的な対策を伝授する会員制クラブ

国家破産対策を本格的に実践したい方にぜひお勧めしたいのが、第二海援隊の一〇〇%子会社「株式会社日本インベストメント・リサーチ」（関東財務局長（金商）第九二六号）が運営する三つの会員制クラブ（「自分年金クラブ」「ロイヤル資産クラブ」「プラチナクラブ」）です。

まず、この三つのクラブについて簡単にご紹介しましょう。「自分年金クラブ」は、資産一〇〇〇万円未満の方向け、「ロイヤル資産クラブ」は資産一〇〇〇万～数千万円程度の方向け、そして最高峰の「プラチナクラブ」は資産一億円以上の方向け（ご入会条件は資産五〇〇〇万円以上）で、それぞれの資産規模に応じた魅力的な海外ファンドの銘柄情報や、国内外の金融機関の活用法に関する情報を提供しています。

恐慌・国家破産は、なんと言っても海外ファンドや海外口座といった「海外の活用」が極めて有効な対策となります。特に海外ファンドについては、私たちは早くからその有効性に注目し、二〇年以上にわたって世界中の銘柄を調査してまいりました。本物の実力を持つ海外ファンドの中には、恐慌や国家破産といった有事に実力を発揮するのみならず、平時には資産運用としても魅力的なパフォーマンスを示すものがあります。こうした情報を厳選してお届けするのが、三つの会員制クラブの最大の特長です。

その一例をご紹介しましょう。三クラブ共通で情報提供する「ATファンド」は、先進国が軒並みゼロ金利というこのご時世にあって、年率六〜七％の収益を安定的に挙げています。これは、たとえば三〇〇万円を預けると毎年約二〇万円の収益を複利で得られ、およそ一〇年で資産が二倍になる計算となります。しかもこのファンドは、二〇一四年の運用開始から一度もマイナスを計上したことがないという、極めて優秀な運用実績を残しています。日本国内の投資信託などではとても信じられない数字ですが、世界中を見渡せばこうした優れた銘柄はまだまだあるのです。

冒頭にご紹介した三つのクラブでは、「ATファンド」をはじめとしてより高い収益力が期待できる銘柄や、恐慌などの有事により強い力を期待できる銘柄など、様々な魅力を持ったファンド情報をお届けしています。なお、資産規模が大きいクラブほど、取り扱い銘柄数も多くなっております。

また、ファンドだけでなく金融機関選びも極めて重要です。単に有事にも耐え得る高い信頼性というだけでなく、各種手数料の優遇や有利な金利が設定されている、日本にいながらにして海外の市場と取引ができるなど、金融機関も様々な特長を持っています。こうした中から、各クラブでは資産規模に適した、魅力的な条件を持つ国内外の金融機関に関する情報を提供し、またその活用方法についてもアドバイスしています。

その他、国内外の金融ルールや国内税制などに関する情報など資産防衛に有用な様々な情報を発信、会員様の資産に関するご相談にもお応えしております。浅井隆が長年研究・実践してきた国家破産対策のノウハウを、ぜひあなたの大切な資産防衛にお役立て下さい。

詳しいお問い合わせは「㈱日本インベストメント・リサーチ」まで。
TEL：〇三（三二九一）七二九一　FAX：〇三（三二九一）七二九二
Eメール：info@nihoninvest.co.jp

「ダイヤモンド投資情報センター」

現物資産を持つことで資産保全を考える場合、小さくて軽いダイヤモンドは持ち運びも簡単で、大変有効な手段と言えます。近代画壇の巨匠・藤田嗣治は第二次世界大戦後、混乱する世界を渡り歩く際、資産として持っていたダイヤモンドを絵の具のチューブに隠して持ち出し、渡航後の糧にしました。金《きん》だけの資産防衛では不安という方は、ダイヤモンドを検討するのも一手でしょう。

しかし、ダイヤモンドの場合、金《きん》とは違って公的な市場が存在せず、専門の鑑定士がダイヤモンドの品質をそれぞれ一点ずつ評価して値段が決まるため、売り買いは金《きん》に比べるとかなり難しいという事情があります。そのため、信頼できる専門家や取扱店と巡り合えるかが、ダイヤモンドでの資産保全の成否の分かれ目です。

そこで、信頼できるルートを確保し業者間価格の数割引という価格での購入が可能で、ＧＩＡ（米国宝石学会）の鑑定書付きという海外に持ち運んでも適正価格での売却が可能な条件を備えたダイヤモンドの売買ができる情報を提供いたします。

ご関心がある方は「ダイヤモンド投資情報センター」にお問い合わせ下さい。

ＴＥＬ：〇三（三二九一）六一〇六　担当：大津

『浅井隆と行くニュージーランド視察ツアー』

南半球の小国でありながら独自の国家戦略を掲げる国、ニュージーランド。浅井隆が二〇年前から注目してきたこの国が今、「世界でもっとも安全な国」として世界中から脚光を浴びています。核や自然災害の驚異、資本主義の崩壊に備え、世界中の大富豪がニュージーランドに広大な土地を購入し、サバイバル施設を建設しています。さらに、財産の保全先（相続税、贈与税、キャピタルゲイン課税がありません)、移住先としてもこれ以上の国はないかもしれません。そのニュージーランドを浅井隆と共に訪問する、「浅井隆と行くニュージーランド視察ツアー」を二〇一九年一一月に開催致します(その後も毎年一一月の開催を予定しております)。現地では浅井の経済最新情報レクチャーもございます。内容の充実した素晴らしいツアーです。ぜひ、ご参加下さい。
TEL:〇三(三二九一)六一〇六　担当:大津

浅井隆のナマの声が聞ける講演会

著者・浅井隆の講演会を開催いたします。二〇一九年は名古屋・一〇月一八日(金)、東京・一〇月二五日(金)、大阪・一一月一日(金)、二〇二〇年は東京・一月一八日(土)を予定しております。国家破産の全貌をお伝えすると共に、生き残りの具体的な対策を詳しく、わかりやすく解説いたします。

活字では伝えることのできない肉声による貴重な情報にご期待下さい。

詳しいお問い合わせ先は、㈱第二海援隊まで。

■第二海援隊連絡先
TEL：〇三（三二九一）六一〇六　　FAX：〇三（三二九一）六九〇〇
Eメール：info@dainikaientai.co.jp ホームページアドレス：http://www.dainikaientai.co.jp/

第二海援隊ホームページ

また、第二海援隊では様々な情報をインターネット上でも提供しております。詳しくは「第二海援隊ホームページ」をご覧下さい。私ども第二海援隊グループは、皆様の大切な財産を経済変動や国家破産から守り殖やすためのあらゆる情報提供とお手伝いを全力で行ないます。

また、浅井隆によるコラム「天国と地獄」を一〇日に一回、更新中です。経済を中心に、長期的な視野に立って浅井隆の海外をはじめ現地生取材の様子をレポートするなど、独自の視点からオリジナリティ溢れる内容をお届けします。
ホームページアドレス：http://www.dainikaientai.co.jp/

〈参考文献〉

【新聞・通信社】

『日本経済新聞』『朝日新聞』『産経新聞』『共同通信社』
『ブルームバーグ』『ロイター』『フィナンシャル・タイムズ』『時事通信社』

【書籍】

『昭和金融恐慌史』（高橋亀吉・森垣淑・講談社）
『図説　銀行の歴史』（エドウィン・グリーン・原書房）
『フーヴァー大統領の不況対策―ニュー・ディールへの道』（尾上一雄・成城大学経済学部研究叢書）
『ウォール街の崩壊〈上・下〉』（G・トマス・M・モーガン＝ウィッツ・講談社）

【拙著】

『100万円を６ヵ月で２億円にする方法！』（第二海援隊）

【論文】

『“ウスラ”をめぐる中世ヨーロッパの貨幣観』（杉江雅彦）
『中世イスラーム圏のユダヤ商人の協同事業』（嶋田英晴）
『金融大恐慌と金融システム』（菊池英博）
『大恐慌期における米国連邦準備政策』（西戸隆義）

【その他】

『経済トレンドレポート』『週刊新潮』『ニッキン』『週刊現代』

【ホームページ】

フリー百科事典『ウィキペディア』
『ウォールストリート・ジャーナル電子版』『バロンズ』
『ムーディーズ・インベスターズ・サービス』『Ｓ＆Ｐ』
『内閣府』『総務省』『日本銀行』『財務省関東財務局』『金融庁』『ＮＨＫ』
『国立社会保障・人口問題研究所』『信金中金 地域・中小企業研究所』
『全国銀行協会』『預金保険機構』『日本投資者保護基金』『みずほ銀行』
『三井住友銀行』『スルガ銀行』『中央労働金庫』『日興リサーチセンター』
『大和総研』『野村総合研究所』『みずほ総合研究所』『東京商工リサーチ』
『明治大学経済学部加藤志津子研究室』『一橋大学附属図書館』『東洋経済』
『ダイヤモンド・オンライン』『Business Journal』『現代ビジネス』
『産経デジタル』『WEDGE Infinity』『AERA dot.』『コトバンク』
『レファレンス協同データベース』『Gold Eagle』『ZUU online』
『デジタル大辞泉』『日本大百科全書』『世界史の窓』『牛さん熊さんブログ』
『Web で学ぶ 情報処理概論』『隠された真実 権力者たちの系譜』

〈著者略歴〉
浅井　隆　（あさい　たかし）
経済ジャーナリスト。1954年東京都生まれ。学生時代から経済・社会問題に強い関心を持ち、早稲田大学政治経済学部在学中に環境問題研究会などを主宰。一方で学習塾の経営を手がけ学生ビジネスとして成功を収めるが、思うところあり、一転、海外放浪の旅に出る。帰国後、同校を中退し毎日新聞社に入社。写真記者として世界を股に掛ける過酷な勤務をこなす傍ら、経済の猛勉強に励みつつ独自の取材、執筆活動を展開する。現代日本の問題点、矛盾点に鋭いメスを入れる斬新な切り口は多数の月刊誌などで高い評価を受け、特に1990年東京株式市場暴落のナゾに迫る取材では一大センセーションを巻き起こす。
その後、バブル崩壊後の超円高や平成不況の長期化、金融機関の破綻など数々の経済予測を的中させてベストセラーを多発し、1994年に独立。1996年、従来にないまったく新しい形態の21世紀型情報商社「第二海援隊」を設立し、以後約20年、その経営に携わる一方、精力的に執筆・講演活動を続ける。2005年7月、日本を改革・再生するための日本初の会社である「再生日本21」を立ち上げた。主な著書：『大不況サバイバル読本』『日本発、世界大恐慌！』（徳間書店）『95年の衝撃』（総合法令出版）『勝ち組の経済学』（小学館文庫）『次にくる波』（PHP研究所）『Human Destiny』（『9・11と金融危機はなぜ起きたか!?〈上〉〈下〉』英訳）『あと2年で国債暴落、1ドル＝250円に!!』『いよいよ政府があなたの財産を奪いにやってくる!?』『世界恐慌前夜』『あなたの老後、もうありません！』『日銀が破綻する日』『ドルの最後の買い場だ！』『預金封鎖、財産税、そして10倍のインフレ!!〈上〉〈下〉』『トランプバブルの正しい儲け方、うまい逃げ方』『世界沈没——地球最後の日』『2018年10月までに株と不動産を全て売りなさい！』『世界中の大富豪はなぜＮＺに殺到するのか!?〈上〉〈下〉』『円が紙キレになる前に金を買え！』『元号が変わると恐慌と戦争がやってくる!?』『有事資産防衛　金か？　ダイヤか？』『第2のバフェットかソロスになろう!!』『浅井隆の大予言〈上〉〈下〉』『2020年世界大恐慌』『北朝鮮投資大もうけマニュアル』『この国は95％の確率で破綻する!!』『徴兵・核武装論〈上〉〈下〉』『100万円を6ヵ月で2億円にする方法！』『最後のバブルそして金融崩壊』『恐慌と国家破産を大チャンスに変える！』『国家破産ベネズエラ突撃取材』（第二海援隊）など多数。

都銀、ゆうちょ、農林中金まで危ない!?

2019年6月27日　初刷発行

著　者　浅井　隆
発行者　浅井　隆
発行所　株式会社　第二海援隊
〒101-0062
東京都千代田区神田駿河台2-5-1　住友不動産御茶ノ水ファーストビル8F
電話番号　03-3291-1821　　FAX番号　03-3291-1820

印刷・製本／中央精版印刷株式会社

　ISBN978-4-86335-197-4

第二海援隊発足にあたって

日本は今、重大な転換期にさしかかっています。にもかかわらず、私たちはこの極東の島国の上で独りよがりのパラダイムにどっぷり浸かって、まだ太平の世を謳歌しています。

しかし、世界はもう動き始めています。その意味で、現在の日本はあまりにも「幕末」に似ているのです。ただ、今の日本人には幕末の日本人と比べて、決定的に欠けているものがあります。それこそ、志と理念です。現在の日本は世界一の債権大国（＝金持ち国家）に登り詰めはしましたが、人間の志と資質という点では、貧弱な国家になりはててしまいました。それこそが、最大の危機といえるかもしれません。

そこで私は「二十一世紀の海援隊」の必要性を是非提唱したいのです。今日本に必要なのは、技術でも資本でもありません。志をもって大変革を遂げることのできる人物と、それを支える情報です。まさに、情報こそ〝力〟なのです。そこで私は本物の情報を発信するための「総合情報商社」および「出版社」こそ、今の日本にもっとも必要と気付き、自らそれを興そうと決心したのです。

しかし、私一人の力では微力です。是非皆様の力をお貸しいただき、二十一世紀の日本のために少しでも前進できますようご支援、ご協力をお願い申し上げる次第です。

浅井　隆